三論宗淺說

印泉 编著

社会科学文献出版社
SOCIAL SCIENCES ACADEMIC PRESS (CHINA)

▲ 印泉法师与史长清居士

低眉垂目苦夜行艱
回殘喘纔動容忽然
置身峰涯頂原此山
下大些風

癸巳秋日錄舊作屈無
辉印泉書

竹杖芒鞋踏四方斬
斷虛空一片光笑臥
晉南聖公寺玉蘭一
斎自生香

癸巳秋日錄舊作偈語
輝印泉書

百論卷上中語

如羝羊相觸將前而更却

汝為燃持戒其事亦如事

身雖能持戒心為欲所牽

斯業不清净何用是戒為

癸巳觀秋　輝印

不生亦不滅　不常亦不斷

不一亦不異　不來亦不出

能說是因緣　善滅諸戲論

我稽首禮佛　諸說中第一

中論卷一中偈語

癸巳秋日　釋印剛書

業不從緣生不從非緣生
是故則無有能起於業者
無業無作者何有業生果
若其無有果何有受果者

中論卷四偈語

眼耳等諸根苦樂等諸法
誰有如是事是則名本住
若無有本住誰有眼等法
以是故當知先己有本住

中論卷三 中偈語

中論卷五中句

果不空不生果不空不滅

以果不空故不生亦不滅

果空故不住果空故不滅

以果是空故不生亦不滅

癸巳秋日 輝印泉

中論卷六中偈語

若先五陰壞 不因是五陰

更生後五陰 去問則有邊

若先陰不壞 亦不因是陰

而生後五陰 世間則無邊

癸巳秋日 輝印泉

印泉法师书法作品

身是無常本平常緣
何當下放奇光若以
無常入當下人生何
豪不家鄉
癸巳秋日歸作偶語
輝印泉書

其甲何必費吟哦解
道無心己事多行直
不勞躬執戒枉説自
性也蹉跎
癸巳秋日錄舊作偶熱
輝印泉書

目录 Contents

1

绪　言

三论宗以文殊师为印度始祖，龙树菩萨时开始兴盛。它以龙树造的《中论》《十二门论》和龙树弟子提婆造的《百论》为依据，所以得名为"三论宗"。它以般若经为本，所以又称为般若宗；它又是主要讲缘起性空的，对后来出现的相宗而言，又称为性宗或空宗。龙树和提婆之后，弘扬龙树思想的是清辩和佛护。到了印度大乘佛教后期，弘扬龙树学说的是月称和寂天，后来又有寂护和师子贤等大家来继承和发扬龙树思想。

龙树思想传入中国，是从鸠摩罗什开始的。鸠摩罗什是西域人，后在中土长安翻译经论，主要就是介绍三论学。他的高足有八人，其中僧肇最为著名。这一时期的三论学称为"关河三论"。三论在罗什传承之后有过一段时间中断了，后来高丽僧朗中原弘扬三论学，梁武帝

很钦服，就派了十多个人跟他学习，其中只有僧诠学成。
僧诠后来又把三论学传给了法朗，法朗又传给了吉藏，
到吉藏则三论宗创立。三论宗在吉藏鼎盛一时后，就为
后来发展起来的各宗代替了，如天台、华严、唯识，但
它们都吸收了三论宗的缘起性空和般若思想，把三论学
的内容融入自己的理论体系。因为大乘佛学是从龙树开
始建立起来的，后来的大乘各宗都纷纷把龙树视为自己
的祖宗，因而龙树有"八宗之祖"之称。而作为龙树主
要的思想——中观般若的地位也就是不言而喻的了。它
可以说是大乘佛学的源头和根基。在大乘佛教向东传播
中，在中国和日本首先建立起来的就是三论宗，然而三
论宗在唐代吉藏后，由于它晦涩难懂，又无人传扬，渐
渐也就不为人所知了。后来人们就只知道有三论宗这个
名称，至于它的传承、内容和意义都难以了解了。大乘
佛教发展经过了般若三论时期，隋唐各宗兴盛时期，到
后来禅宗和净土宗同时兴盛时期，到现在东南亚提倡的
人间佛教时期，大乘佛教走得越来越远，影响越来越大
（传入西方）。这时，在新的历史时期，探索大乘佛教的
源头及它的思想在后来发展中的演变和影响，对于更好
地认识大乘佛教的历史，对于大乘佛教的发展都是有着
借鉴意义的。

在探索三论的历史和思想时，先理清一下它的源头，即龙树大乘中观思想及其在印度的演变和影响，在探索大乘思想之前，又先理清大乘佛教兴起的原因，介绍小乘部派佛教，并把原始佛教也简介一下。如此可以对三论的背景有一个系统的了解。同时也探索一下三论思想与人间佛教之间的关系，以及三论在西藏的发展和影响，在日本等国外的发展，顺带还了解一下三论宗的祖庭南京栖霞寺的情况。如此则能对三论宗有一个全面的认识了。

第一章
三论宗背景

一 佛教创立及其基本思想

佛教的创始人为乔达摩·悉达多。他的父亲是中印度迦比罗婆兹的净饭王，属释迦族，姓瞿昙，母为摩耶夫人。当时是奴隶制社会，印度为白种人雅利安人统治，通行种姓制度，而乔达摩及其父亲则是属于刹帝利阶层。随着社会经济的发展，种姓制度受到了冲击，当时就形成了各种思想，来与婆罗门教相抗衡，争取自身的发展。佛教就是其中之一。

乔达摩身为太子，享尽荣华富贵，但当他看到生老病死等人间种种现象后，觉得世界是无常的，就出家进入山林修道，寻求永恒和解脱。他先后向当时著名修道家请教，但他们或是走苦行道路，或是走享乐道路，乔达摩认为这些都不究竟，终于在六年苦修后，抛弃了这些思想，另立缘起论，讲不苦不乐的中道哲学。他觉悟后，就开始宣传他的觉悟之道。他最初讲的就是四谛和十二缘起。

四谛是关于人生现象的，佛陀认为人生是苦的，苦的根源是人有欲望，因而苦就聚集起来了，要修道，即修八正道，则能灭苦。如此，苦集灭道就构成了佛教对人生现象及解脱的基本思想。

仍是从人生现象出发，佛陀提出了缘起说，反对婆罗门的"转变说"（人从梵天转化而来）和六师的"积聚说"（人是许多元素凑合）。他认为世界是因果相互联系，相互依存，互为条件的。他从人的老死出发，逆观十二因缘，终于大彻大悟。佛陀菩提树下就是从逆观十二因缘觉悟的，即老死—生—的—取—爱—受—触—六入—名色—识—行—无明，无明是生死的根本，它就是对宇宙人生真相的不明白。这宇宙人生的真相是什么呢？这也就是佛教的一个根本问题，佛教的发展就是围绕这一宇宙人生真相，围绕这一解脱道展开的。后来的各宗各派都是用各种不同的方式、语言解释着这一真相和解脱道的。在他们的解说中，

5

由于受到社会历史状况的影响，就演变出了众多的佛教宗派。

二　部派佛学

原始佛教发展到佛灭一百年后，宗教色彩极为浓厚，与当时的婆罗门教、耆那教差不多。然而佛教内部教团没有统一的规章和制度，由于组织不严，佛灭后，只有以大迦叶为中心的保守派僧团，但这里面也有许多未曾组织的弟子，他们由于学说的不同，戒律的差异，形成保守的上座部和积极的大众部。对于这次分裂的原因众说纷纭，但主要是由于教徒们对教团内部的保守派、生活在丛林中的圣教团的批判。这些保守的圣教集团一改佛陀在世时托钵游方的生活方式，开始定居在僧院中，担负学问研究和社会教育，并受到在家人的供养。这样的僧院佛教渐渐产生了两个问题：一是佛涅槃后，人们为了把佛立为教团与信仰者尊崇的中心，逐渐把佛陀视为超人的神，成为修行人十分崇高的理想形象，因而出家人就不再追求自己的成佛，而追求成为较接近理想形象的阿罗汉，成佛的事也就被认为是绝不可能的了。这局限了佛陀的教诲，招来了理想主义求道者的不满。二是阿罗汉的理想，只限于僧院的出家人可能达到的，这就排斥了在家信徒，使他们不得不寻找能把结婚、家庭与社会义务、生活享受相结合的宗教了。这就为佛教的分裂打下了思想及组织上的基础。

佛教的分裂也有理论上的根源。佛讲四了义，有一条是"依法不依人"，因而为了保存佛法这一法宝，教徒们就开始结集佛经。其中以摩诃迦叶为上座，因阿阇世本愿选出的一千罗汉结集法堂，阿难升法高座，集修多罗藏；厌婆离升法高座，集毗尼藏，故称为上座部。当时界外有一万罗汉，以弥勒文殊为上座，大众以阿难陀而集阿毗达摩藏，为界外多人集故称为大众部。对分裂开的大众部的名称来源，又有说法，或认为它里面进步比丘较多，或是认为此派不代表出家人，而代表在家的一部分信众。它在教义范围内也发展了空的观念及化身佛、法身佛的思想。《异部宗轮论》中记载：大众系对佛教的看法有十五条：1. 诸佛世尊，皆是出世；2. 一切如来，无有漏法；3. 诸如来语，皆转法轮；4. 佛以一音说一切法；5. 世尊所说无不如义；6. 如来色身实无边际；7. 如来威力亦无边际；8. 诸佛寿量亦无边际；9. 佛化有情令生净信，无厌足心；10. 佛无睡梦；11. 如来答问，不待思维；12. 佛一切时不说名等，常在定故；然诸有情

谓有名等，欢喜踊跃；13. 一刹那心，了一切法；14. 一刹那心相应般若，知一切法；15. 诸佛世尊，尽智无尽智恒常随转，乃至涅槃。《论》中还讲到大众部认为佛的色身是无有边际的，人们肉眼所见仅是一部分；讲到佛的处胎降生也完全神化了，所以大众部的宗教色彩是很浓的。它代表的很可能是当时积极的修道者，其中有许多或许就是社会上的大众，即在家人，他们把其他宗教的色彩加在原始佛教之上，从而发展出了积极的灵活的宗教信仰，他们的思想也越来越开阔，并且越来越接近大乘空宗的思想。例如后来从大众部里分裂出来的案达部，后来又分裂出来的方广部，它们以斯里兰卡的无畏山寺为根据地。方广部，又名大空宗，它与大乘思想的联系就很密切。这表现在：1. 他们主张佛不住人界而住天界，人界所见只是佛的化身，这就通于大乘讲的报身和化身。2. 他们认为，佛不说法，现在所传的佛法，也是出于佛的变化；他们认为佛不接受布施，只是出于示现而已，因而布施佛没有多大果报，这样，佛、布施都空，与法自性空的理论很相近。因而有大空宗的名称。然而极端说空，就不止于法无我了。因而龙树有"方广道人恶趣空"的呵斥。3. 方广部还主张"一意趣可行淫"，即出家人在信佛和愿行一支的条件下，可结为夫妇。这样就打破了在家和出家的界限。这个主张与大乘初期在家的主张也是有联系的，大乘初期信徒有组织，成员称为菩萨，团体称为菩萨众。活跃在此阶段的还有社会上的长者，如与中观派有关的《维摩诘经》中的维摩诘就是都市长者，他一面嘲笑舍利弗等所象征的僧院圣者，一面宣传大乘菩萨道。《华严经》中的善财求道，他所访问的也多是良好的指导者，在家信徒，而不是专职的宗教家，其中有在家人、女性，甚至妓女。佛教如此的世俗性，正是说明佛教发展过程中对小乘经院佛教的否定，而希望在更大范围内发挥佛教的影响。由此可见，在大乘佛教形成前，佛教思想是非常活跃的，它们之间矛盾和对立常常也是很强烈的，掺杂在种种社会因素中，在条件成熟时，就促成了大乘佛教的形成。

三 龙树及其大乘佛教的兴起

龙树是公元 1 世纪左右的人，他是大乘佛教的创始人，在小乘佛教向大乘过渡时期，他继承了佛陀的缘起思想，批判了当时流行的种种社会思潮，对于澄清佛教思想，统一佛教内部思想，有着重要意义。而且沿着龙树的中观般若思想，大乘佛教建立了起来，并且延续了

近两千年，他对后来的社会文化和大乘佛教发展都产生了较大的影响。

龙树在与各种思想的不断斗争中，弘扬和发展了他的大乘中观理论，推动了大乘佛教发展。龙树的理论著作很多，有"千部论主"之称。由于他对佛教进行了系统化的整理工作，对后世影响很大，被称为"佛陀第二"，而且还被称为"八宗之祖"，佛教中有八个宗派都把龙树称为自己的祖宗。下面就从这几个方面来对大乘佛教的创始人，龙树菩萨进行一番探索，以期更好地了解龙树，更好地了解大乘佛教。

（一）传奇人生

龙树，梵文是 Nagarjuna，他的母亲在树下生下他，因名周那（arjuna），周那是树的意思；他的师傅是大龙菩萨，他的成道与龙族有关，所以号为龙树。同时可能因为阿周那是印度史诗《摩诃婆罗多》里般度五兄弟之一，他最为勇猛，所以玄奘又译为"龙猛"。西藏译为"龙成"，因为 arjuna 的字根 ar 是"成"的意思。

龙树菩萨的出生在佛经《摩诃摩耶经》和《入楞伽经》第八卷中有授记。《摩诃摩耶经》卷下说："正法于此，便就灭尽。六百岁已，九十六种诸外道等，邪见竞兴，破灭佛法，有一比丘名曰马鸣，善说法要，降伏一切诸外道辈。七百岁已，有比丘名曰龙树，善说法要，灭邪见幢，燃正法炬。"①

《入楞伽经》第八卷中记载：大慧菩萨白佛言："佛灭度后，是法何人受持？"佛以偈答曰："于我灭度后，南天竺大国，有大德比丘名龙树菩萨，住欢喜地，为人说法，能破有无见，往生安养国。"②

关于龙树菩萨的生平，《大藏经》第五十卷《龙树菩萨传》中有记载，这部传记是由出生在龙树菩萨后一百多年的鸠摩罗什翻译的。据说，龙树出生在南印度德干高原的温达拉巴地区的一个婆罗门家族，很早就以学说卓著，精通婆罗门教而闻名。有一次他和三个亲友一起，学成隐身术，屡次潜入后宫，侵犯美女，使宫女怀了孕，王室人员就用沙子铺在大门口地上，并埋伏了许多卫士，他们的身体虽不被人发现，但有足迹留在沙子上，兵士就挥刀斩去，另三个人被杀死了，龙树藏在国王身边，逃出了王宫，这件事促使他出家。出家后的龙树，由于他的聪明才智，据说他三个月就诵读完了佛教的三藏，

---

① 《大正藏》12 卷，第 1013 页。
② 《大正藏》16 卷，第 569 页。又见于《三论玄义校释》（唐）吉藏著，韩廷杰校，中华书局，1987 年，第 123 页。

为了求得更深的佛法，他开始了艰辛的长途旅行。不久，他到达喜马拉雅山中的一座佛塔边，一名老比丘传给他大乘经典，这比他以前所依的一切有部的理论大大深入了，但他仍不满足。我们从他出家时到山里的佛塔受戒以及受学于佛塔老比丘，可以看出，龙树是与大众系中有大乘思想的人及教义息息相通的，因为有一种说法认为大众系就是以护卫佛塔的一批信徒组织起来的。

不久，龙树在大龙菩萨的引导下，来到龙宫，阅读诸方等大乘深奥经典，得无量妙法，三个月后，通解甚多，深入无生，二忍具足。这时龙树就已经达到决定的觉悟了，为了纪念引导他的大龙菩萨，他就自名龙树了。在龙宫中，龙树还诵读了《华严经》，日本人安澄在《中论疏记》中引《华严传》中的话说："大乘经多是文殊结集，佛既涅般，诸圣随隐，邪兴，无大乘器，故摄《华严》等大乘教法，置在龙宫六百年，龙树入海诵之传世。"① 由此可见大乘佛经的结集，大乘佛教的兴起，是一个非常艰辛的求索追求的过程，条件成熟后，龙树这样一个优秀的人物就兴起了，担负了这一艰巨的历史使命。

---

① 《大正藏》42卷，日本安澄《中论疏记》。

龙树得道后，回到南印度弘扬佛教，那里的国王排斥佛教，龙树就应征成为国王的将军，在很短时间内把军队治理得井井有条。国王大喜，询问他是什么人，龙树说是"全知者"。龙树还用神通使国王看到天上正在作战的神祇和恶魔。国王及婆罗门因此皈依了佛教。佛教在南印度也就得到了弘扬。

又有婆罗门妒忌龙树，要求斗法。婆罗门以法术化了一个大池，自己坐到池中的莲花上，并斥责龙树。龙树化了一六牙白象，坐在其上，用象鼻把婆罗门抛在地下，使他折服。

关于龙树的死，有的说他为国王做长生药，太子想早点继承王位，就向龙树乞讨他的头，于是龙树就自杀了[①]。又有的说龙树是在小乘佛教学者及婆罗门的重重逼迫下，自行坐化的。可见龙树的一生是充满波折和艰辛的，他的思想传播与当时的政治形势也不断产生冲突，而且与当时社会上的其他思潮更是格格不入，产生了剧烈的冲突，这种冲突非常强烈，以致达到性命相争的地

---

① 在这里面还有一个故事，说乐行王做太子时，为早日继承王位，而求龙树菩萨布施其头，太子先用宝剑，但是剑如砍在虚空，无丝毫损伤。龙树告诉他说自己的兵器业障已消除，只有昔日割草时杀过一虫，此果报未消，因此只有以吉祥草才能砍下其头，后来果然如此。

步。龙树就是在这样的斗争中弘扬和发展他的大乘中观理论，推动大乘佛教发展的。

（二）千部论主

龙树的著作很多，有"千部论主"之称。保留到现在，收集在《大藏经》中的就有19种。在藏文译本中，龙树的著作有118种之多，其中许多是关于密教的，而龙树著作的藏文译本与汉文译本重复的只有11种。龙树有6种显教方面的著作很为人重视，被称为"六如理聚"。它们是：《中论》《七十空性论》《六十如理论》《迥诤论》《广破论》《宝论》（即《宝行王正论》，尼泊尔还藏有梵本，1934年，被西方人发现，印了出来）。龙树的藏文著作可分为三类，一类是赞颂，有18种；一类是密教解释，有51种；一类是显教解释及杂著，有48种。龙树的著作收集在大藏经中的约有19部，这些著作又可分为宗论部、释经部、集经部、颂赞部。

宗论部有：

《中论》四卷　鸠摩罗什译

《十二门论》一卷　鸠摩罗什译

《顺中论义入般若法门》二卷　无着菩萨释　（元魏）般若流支译

《大乘破有论》一卷 （宋）施护译

《大乘二十颂论》一卷 （宋）施护译

《六十颂如理论》一卷 （宋）施护译

《壹输卢迦论》一卷 （后魏）瞿昙流支译

《回诤论》一卷 （后魏）毗目智仙及瞿昙流支译

《菩提资粮论》六卷 （隋）达摩笈多译

《菩提心离相论》一卷 （宋）施护译

《十八空论》一卷 （陈）真谛译

《释摩诃衍论》十卷 （姚秦）筏提摩多译

释经部有：

《大智度论》一百卷 鸠摩罗什译

《十住毗婆沙论》十七卷 鸠摩罗什译

集经部有：

《福盖正行所集经》十二卷 （宋）日称等译

《菩提行经》四卷 （宋）天息灾译

颂赞部有：

《为禅陀伽王说法要偈》

《劝发诸王要偈》

《龙树菩萨劝诚王颂》

《颂法界颂》

《广大发愿颂》

《十二礼赞阿弥陀佛文》

《因缘心论颂》

《因缘心论释》

在龙树的主要著作中，人们比较熟悉的是《中论》《十二门论》《菩提资粮论》《大智度论》《十住毗婆沙论》等。其中《中论》中讲到了"八不缘起""无自性""二谛""实相涅槃"等思想；《十二门论》是从十二个方面对《中论》中所阐述的缘起性空思想进行解说，是对《中论》思想的进一步阐发。《菩提资粮论》是讲要达到对缘起性空，中道实相的认识，一定要积集福德资粮，否则就会落于事物性空的一面，而对事物缘起假名有的一面认识不够。《大智度论》是对《大般若经》的解释，所以《大智度论》又译为《摩诃般若释论》。

龙树的思想是杰出的，他的著作较多，对大乘佛教影响很大，所以后来也就有人把一些阐述佛教缘起性空论著说成是龙树菩萨所造，以增加论著的影响，甚至把一些阐述唯识思想的著作也说成是龙树所作，如真谛译的《十八空论》。不过这正从一方面说明了龙树菩萨思想的价值，以及他对后世佛教发展的影响。

（三）佛陀第二

龙树在佛陀灭后 700 年，非常准确地阐发了佛陀的缘起思想，使人们重新认识到佛教的最根本思想；而且他对佛陀的教法进行了系统化的整理工作，创立了中观学。在他的理论中，他彻底地贯彻佛陀宣讲的缘起思想，对后来佛教的发展产生了很大影响，因而被称为"佛陀第二"。

中观是对事物的一种看法，这种看法不偏于对立法的任何一边，所以称为中观。所谓对立的两边，主要是关于事物的有和无。龙树认为事物是无自性的，是"空"；但事物是由从缘和合而成的，所以也就不是完全"空无"。说它是"空"，是否定其"真有"，说它是"假"，是否定其"真无"，能同时看到事物的这两种属性，就能得到事物的中道实相了。

龙树的思想主要体现在他的代表作《中论》中，《中论》一书主要是讲"缘起""无自性""中道""二谛""涅般"等思想的。

一、《观四谛品》中说："未曾有一法，不从因缘生，是故一切法，无不是空者。"① 这就是说万法都是因缘而起的，即一切法都是由于种种的条件和合而成的。既然是和合而成的，那么事物就有所依赖，而"若法因待成，

---

① 龙树：《中论颂》，金陵刻经处，第 26 页。

是法还成待"①。那么事物就永远是在无尽的条件链子下存在着，归根到底，就是没有独立自性的，只是虚假的名相概念而已。

二、从缘起理论出发，龙树认为一切事物都是空的，没有自性。他说："因缘中有性，是事则不然。"② 因为事物如果有决定的自性，则一切生灭现象都无法存在，世界则会僵化、固定、静止不变。龙树在《观四谛品》中说："若有决定性，世之种种相，则不生不灭，常住而不坏。"③ 又说："若一切法不空，则无有生灭，如是则无有，四圣谛之法。"④ 并且还说，如果一切法不是空的，那么涅槃也没有，《观涅槃品》中说："若诸法不空，则无生无灭；何断何所灭？而称为涅槃。"⑤ 因此佛教并不认为一切法自性空是消极的，而认为它是世间万法生成的基础，有着积极的意义和价值。正如《观四谛品》中说的："以有空义故，一切法得成，若无空义者，一切则不成。"⑥

佛教以缘起理论起点，推出万物都是空无自性的，

---

① 龙树：《中论颂》，金陵刻经处，第 11 页。
② 龙树：《中论颂》，金陵刻经处，第 14 页。
③ 龙树：《中论颂》，金陵刻经处，第 27～28 页。
④ 龙树：《中论颂》，金陵刻经处，第 25 页。
⑤ 龙树：《中论颂》，金陵刻经处，第 28 页。
⑥ 龙树：《中论颂》，金陵刻经处，第 26 页。

又从反面说如果诸法不空，则有种种过咎，这样也就进一步说明缘起理论的正确性，因而在《中论》中他把缘起理论推得很高，说："是故经中说，若见因缘法，则为能见佛，见苦集灭道。"[1]

三、在缘起和性空的理论基础上龙树提出了中道思想。万法是缘起的，所以是空，但万物既然缘起了，就不是空无所有，就不是不存在，而是一种有，这种有没有自性，只是语言的方便设施，只是名言概念，所以称为假名有。对于事物的空性和假名有，龙树在《中论》中说："众因缘生法，我说即是空，亦为是假名，亦是中道义。"[2] 在这里龙树兼顾假有与性空来说中道，认为只有同时看到事物的性空和假有两面，才是中道正见。由于事物都是缘起无自性的，因此对从它有自性而产生的正反两边的判断，如断常、生灭、一异、来去，都是错误的。这些缘生缘灭的二分法当下就是空的，没有自性，因而不可以说它是生，是灭，是断，是常。这正反两边都要否定，即不生不灭，因此龙树在《中观》开头就标出"八不"以表明他的思想，阐述他的八不中道理论。

四、二谛说。龙树在阐述他的中道思想时，认为要

---

[1]　龙树：《中论颂》，金陵刻经处，第28页。
[2]　龙树：《中论颂》，金陵刻经处，第26页。

同时看到空和有，即不能偏于有或空，这也就是真空与俗有不二，就是佛教的二谛说。龙树对二谛思想很重视，他在《中观》观四谛品中说："诸佛依二谛，为众生说法，一以世俗谛，二第一义谛。若人不能知，分别于二谛，收于深佛法，不知真实义。若不依俗谛，不得第一义谛，不得第一义，则不得涅槃。"①

俗谛，是说因缘生法是有，不是无或不存在，由于众生对于因缘生法的执著，诸佛即因缘生法而开方便门，认为诸法是假有，只是分别出来的幻相，但它们也是不相错乱的。

第一义谛，是指因缘生法没有自性，当体即空，也就是诸法实相。它是离言说议论的，是不可言说的。《观法品》中讲："诸法实相者，心行言语断，无生亦无灭，寂灭如涅槃。"②

真谛与俗谛只是佛陀引导众生的方便，事实上只有一个真谛存在，这就是所谓不二法门。因此真谛与俗谛在本质上就是同一样东西，是相即的，是一体一用的关系。世俗的万物当下就是空的，就是实相，并不是在世

---

① 龙树：《中论颂》，金陵刻经处，第25～2618页。《大智度论》卷三十一中也说："世俗谛故有，第一义故破，以俗谛有故，不堕断灭中，第一义破故，不堕常中。"
② 龙树：《中论颂》，金陵刻经处，第18页。

俗事物之外，另有一个实相存在，否则就是把有和空看成是两样东西，以空去反对假名有，这正是龙树所批判的。他在《观行品》中他说；"大圣说空法，为离诸见故，若复见有空，诸佛所不化。"①

五、涅槃是寂灭的意思，也就是诸法的本性。般若学从缘起法讲，一切都不是决定的生灭，所以一切法的生灭与一切法的不生灭（即寂灭），并不排斥，而且从本质上说就是同一的。依缘起法则，一切法因缘和合而成，是没有自性的，它的生灭就如同幻化的一般，只是人的第七意识分别、执著才有的，这种如幻如化的生灭，如同海市蜃楼，当下就是空的，是不生不灭的，是究竟寂灭的，与涅槃没有差别。而涅槃也不是开世间法而存在的，涅槃是就着世间一切法而说的，所以说两者的实际本质没有差别。《中论》观涅槃品中说"涅槃与世间，无有少差别，世间与涅槃，亦无少差别。涅槃之实际，及与世间际，如是二际者，无毫厘差别。"②

龙树所宣讲的"空"的思想，对佛教的发展产生了很大的影响；西方哲学界对他的思想也给了很高的评价。德国存在主义哲学大师卡尔·雅斯贝斯在 1757 年著的

---

① 龙树：《中论颂》，金陵刻经处，第 13 页。
② 龙树：《中论颂》，金陵刻经处，第 29 页。

《大哲学家》第一卷中，列举了 15 位世界"伟大的哲学家"，其中就有佛陀和龙树。

（四）八宗之祖

龙树由于他思想的价值，对后来的佛教发展影响很大，被称为佛教"八宗之祖"，佛教中的俱舍宗、成实宗、律宗、三论宗、法相宗、华严宗、天台宗、真言宗，都把龙树称为自己的祖宗。

三论宗以龙树的《中论》《十二门论》《大智度论》和龙树的弟子提婆的《百论》为依据建立起自己的体系，而且中国三论的初祖罗什所传的就是龙树正统的中观思想，所以三论宗自然以龙树为开山祖师了。受三论宗的启发，智者大师创立天台宗，他上承慧思、慧文之学，而这两人也是与《中论》《大智度论》有关的。《摩诃止观》中记载慧文时说："文师用心，一依《释论》。"① 而智者大师在《观心论》中也说自己是"归命龙树师。"② 因而天台宗也以龙树为自己的祖宗了。

因龙树作了《十住毗婆沙论》，对《华严经》的《十住品》有注释，所以华严宗人向印度方面寻师承，也

---

① 《大正藏》《摩诃止观》46 卷
② 《大正藏》《摩诃止观》46 卷

就把龙树看成是自己的祖先了。而且龙树曾深入龙宫诵读《华严经》，从中悟出无生法忍，并使它流传于世，因此华严宗就把他看做是自己的祖宗了。

法相宗是源于印度的瑜珈行派，而瑜珈行派是推崇龙树的中观思想的。瑜珈行派与后期的中观学之间有着很深的分歧，但瑜珈行派的学者并不否认龙树的思想和成就，他们只是认为龙树的后继者在论说空时有执著于空的倾向，的恶取空的倾向，认为这种思想倾向对佛教的发展很不利，所以就从万法惟识的角度讲关于宇宙万有的种种认识。他们也认为自己的思想是源于龙树的般若思想，认为其重要理论三性思想（遍计所执性、依他起性、圆成实性），是从龙树的二谛理论发展而来的，是龙树思想二谛思想的必然结果。他们又认为瑜珈就是般若，是得到大菩提的最胜方便，两者是统一的。由于瑜珈行派与龙树思想之间的渊源关系，所以从瑜珈行派发展而成的法相宗也就自然尊龙树为祖宗了。

龙树作的《十住毗婆沙论》中有《易行品》一章，说净土法门，道理简单，较易实行，是一条快捷方式。因此净土宗人就把龙树看成自己的祖宗，认为自己是义学以外的快捷方式法门，并把龙树的话看成是调和净土思想和义学的依据。

据说龙树曾开铁塔，向金刚萨菩萨（显教里称为普贤菩萨）请出密法，从而密法才开始在人间流传。因而龙树理所当然的又成了密教的祖宗了。而且开元三大士之一的金刚智，说自己的老师是龙智，并说龙智是龙树的弟子。这样龙树与密教的关系就越来越近了。而在以密法为核心的藏传佛教中，龙树的中观思想更是藏传佛教中的主导思想，有着不可动摇的地位。

在南朝，律宗大师僧佑把龙树列为律宗的第三十四代宗师。僧佑在他的《萨婆多部记》中说："大圣迁辉，岁纪绵邈，法僧不堕，其唯律乎！初集律藏，一轨共学，中代异执，五部各分。既分五部，则随师传习，唯萨婆多部遍行齐土。"① 这就是说律藏本来是大迦叶和阿难结集出来的，接下来分为五支，而只有萨婆多部，即说一切有部的律法传入中土。而龙树据说是在说一切有部出家的，与大众部的僧人多有接触，这样僧佑也就把龙树说成是律宗的祖宗之一了，把他列为第三十四代，把提婆列为第三十五代。

小乘俱舍宗和成实宗也都把龙树视为自己的祖宗，这也是有原因的。俱舍宗是以世亲的《俱舍论》为理论

---

① （梁）释僧撰《出三藏记集》，中华书局，1995 年 11 月第一版，第 466 页。

依据建立起来的，它讲的五位七十法与法相宗讲的五位百法很相近，因此在大乘佛教兴起后，它就附属于法相宗了，而法相宗与龙树菩萨的思想有一定关系，把龙树视为祖宗，所以俱舍宗自然也会把龙树视为自己宗派的祖宗了。成实宗是以《成实论》为理论依据建立起来的，它由鸠摩罗什翻译到中国来，成实宗思想与大乘佛教的思想有着相近的地方，当时人们都认为它是大乘经典，后来吉藏等人把它判为小乘。成实宗与三论宗在发展过程中曾有过辩论，成实学者不敌三论学者，最后成实宗也就附属于三论宗而传播；而三论宗思想是直接从龙树传下来的，与龙树有着深远的渊源，由此成实宗也就自然会以龙树为自己的祖宗了。

龙树菩萨的一生非常充实和圆满，他以火一般的激情，从事着极其清明的理性批判，继承了佛陀的缘起思想，以他极其犀利的智能之剑，除去了人们一切的名言戏论，为人们从情思见解中解脱出来开辟了一条道路。这对大乘佛教的发展，对世界文化的发展都有着重大意义。人们只要阅读龙树的著作，接触到他的那如同烈火，如同金刚般的智能，都能深受感染，都能对这个名言世界有一定的超越。龙树开创了大乘佛教，是八宗之祖，从这种意义上说，称他为佛陀第二不是最为确当吗？

四　中观学的发展和演变

继承龙树大乘学说的是其弟子提婆。关于提婆的生平，有罗什编译的《提婆菩萨传》。据说，他是斯里兰卡人，是个王子，只有一只眼睛，也叫圣天。他开始时学习婆罗门学说，能言善辩，当时龙树已届晚年，名声很大，提婆就想与他辩论，但一接触到龙树，就深为折服，便做了龙树的弟子。

提婆学习很有成就，又善于辩论，为振兴佛教做了不少工作，如到中印度的摩揭陀国破外道，使被禁止了十二年的佛教重新兴盛。后来他又连续在中北印度地带做破外道的工作，还在钵罗耶伽写了《广破论》，后来他又回到南印度，劝化了一个不信佛的国王，同时也使许多外道信了佛。最后，他隐居山林，著书授徒，就在此地，他为曾被他辩输的婆罗门的弟子杀害。在临终前，他用鲜血写了一部《百字论》，其内容是破除各种邪见，是一卷极为概括和扼要的著作，是理解他思想和著作的钥匙。提婆的著作还有《百论》《四百论》《广百论》等。他的著作都以"百论"作为总题。"百"的梵文是sataka，有把一百个东西集拢起来的意思，而字根 sat 有破坏的意思，所以以"百论"为总题的著作，其内容是对不同学说进行破斥。提婆对龙树学说发展之处，也就是在破斥方面，他的破斥原则与破斥方法都比龙树彻底。龙树主张"破邪即显正"，而提婆则一破到底，"破而不立"，提出"不立自宗"的主张。在《四百论》最后一颂还讲到一切宗都破，自己也无所保留，因而再有什么反驳也是不可能的了。这样，他贯彻了空宗空的思想，认为一切皆空，连自己也是空的。

又由于提婆是破外道，龙树是破教内邪见，两者破的方法和方式都有所不同，但提婆在破的方面总比龙树更激烈、彻底，然而也因此使龙树的一部分学说又堕恶趣空，被认为是"解空不善巧"。

提婆对龙树空观方法作了积极的解释，使龙树《中论》精神得到了更好的展现。提婆是以"破"为"观"，不是空谈破什么，而且还构成一种观点。

中国三论宗曾根据《百论》破空品中"取相故缚"总结出提婆的观点。空宗认为一切都是自性空，为什么还破呢？是因为众生以分别心"取相"。所以破想，就是破除心理上想象的东西，以及这种想象能力。婆薮开士，还曾用比喻解释道：如愚人在沙漠里看到阳焰（海市蜃楼），就去追求，智者告诉他，那只是假相，他就不再去

追求了。这比喻说明，他们破的是愚人所执取的水相，并非把水也破除了。所以叫"破想不破破法"。这种提法，鲜明地表达了空宗所破的对象。

提婆之后，有罗睺罗。据说他是提婆在南印度收的弟子。他的著作有《赞般若偈》，共二十二颂，收在《大智度论》第十八卷中。《赞般若偈》。对般若性德的认识较以前更为深刻、彻底。他把佛、般若、涅槃三者统一起来，提出"三者一相，其实无异"。他还用"虽说而不说"把真谛和俗谛统一起来。"言说为世俗，怜愍一切故，假名说诸法，虽说而不说。"

罗睺罗著作不多，但对后来佛学发展有影响，《顺中论》中就曾引用他空观的思想，说"空不空俱不受"。

罗睺罗之后，龙树一派的传承就不清楚了。只知道有个龙智，是龙树的弟子，开元三大士金刚智自称是龙树的弟子。玄奘到北印度时，曾遇到一个700岁的婆罗门，自称见过龙树，得其亲传。玄奘还向他学习过《百论》《广百论》（见《慈恩传》卷二）。因此后人附会这个婆罗门就是龙智。

龙树学说在西域有传承，三论宗的传播者罗什即西域人，三论宗的创立者吉藏大师在《三论玄义》上有三论源流系谱，它这样记载到：

龙树—伽那提婆 — 罗睺罗 — 青目 — 沙车王子 — 鸠摩罗什
　　龙智　　　　坚慧　　清辩　　　智光

　　龙树的传承虽从西域传到中国，但龙树空宗思想在印度还是在不断发展着，并与后来出现的瑜伽行派不断融合、冲突，在印度佛教史中起着重大作用。

　　当瑜伽行派日渐兴盛时，出现了佛护、清辩两家，建立中观学派，恢复龙树、提婆学说。清辩和佛护都不是当时著名的那烂陀寺僧侣，而是来自民间。从《大唐西域记》中看，清辩在社会上活动，常跟数论学派在一起，与民众较为接近。

　　佛护的贡献，在于他发展了龙树学说的方法论。他结合中观学者"破而不立"的精神，形成"就敌论随言出过"这样一个"应成"方法。即若照你那样讲，结果得出与你相反的结论。也就是从敌论本身指出它的过错，自己并不提正面主张。

　　清辩的思想主要是在与瑜珈行派的争论中表现出来的。他说瑜珈行派人曲解了龙树和提婆的学说并说他们诽谤中观学派的恶趣空，认为只有瑜珈行派才能证得真实。因此他出来辩论，他的这一辩论是说龙树学说没有恶趣空的倾向，但龙树学说在后来的发展，未必没有这种倾向。因而瑜珈学说的兴起，以救中观学派"破而不

立"之偏，就确是理论需要和历史事实了。

中观学派在清辩开创局面后，就有大家月称。他是佛护的弟子莲花觉的门下，是南印度婆罗门人，少年出家，佛学上很有成就。他的著作现存的共有十多部，月称的学说传入西藏很完整，又加上宗喀巴大师的倡导，所以在西藏很有影响。

月称是佛护的再传弟子，在方法上继承了佛护。同时这种方法也是由中观学派的特点决定的，是与龙树思想一脉相承的。《中论》就只是指出敌论的过错，自己并不另外建立观点。如《中观》观缘品中讲破四生，即破自生、他生、共生、无因生。在破自生时他说，如果是自生，则"生应无用故"，"生应无穷故"。即说"自生"，则法本来就有，就不用再生了，即"生应无用"；而且，"自生"就应该是无穷无尽，永远存在。这样也就指出了自生说的矛盾，使对方的论点不能成立。这种方法的格式是：如果按照你的说法，则应如何如何。月称继承这样随对方的说法，运用"应战"的方法，加以破斥，被称为"中观随应破派"。而与之相对应的清辩一系，则采用比量的格式，议论不一定随敌方走，被称之为"中观自立量派"。

月称的另一个思想特点是彻底贯彻了中观无自性说。

在二谛上，按胜义谛，一切都无自性，而俗谛有无自性呢？月称认为俗谛（世间）看上去像有自性，这是由于无明所蔽的缘故，是一种根本的颠倒，所以俗谛也是一切无自性。

月称还用这种一切无自性的思想对瑜珈行派进行了批判。他认为瑜珈行派讲空不彻底，认为他们的空只是指依他起法上没有遍计执法而已。如观绳为蛇，蛇执去掉就是空，绳并不空。所以他认为瑜珈行派的空是他性空，而不是自性空。同时他也反对阿赖耶识，认为它是多余的，并无其识，瑜珈行派认为业在未受报之前，应该是存在的，而且就认为是以种子存在于阿赖耶识中的，因此要有一个阿赖耶识存在。月称说，业由于自身的相续，是不会消失的。业有不同的状态，业的现行虽消失了，但他的性质和势力不消失，明显时是现行，潜行时是消失，事实上还是相续的。只有受报后，才会真正消失。因此并不要一个阿赖耶识存在。

月称对中观自性空的彻底贯彻，便把缘起性空的理论发展为性空缘起了，即因为无自性才可以说是缘起。也就是说，世俗无其名（性空），而有其实（缘起）。

月称后的中观学派大家是寂天，他的生平资料及著作多收在藏传佛经中。据说他是南印度梭罗修多罗国的

太子，原名寂铠。因对统治阶级生活的不满，未继承王位，出家了。他的著作有《菩提行经》《诸经要集》。他的主要特点是见行相应，虚实并举，不偏于见，也不偏于行。他的理论贯穿在实践中，使得他的理论显得很突出。据说，他在背诵《菩提行经》第七品《般若波罗蜜多品》中"心不住外相，而得无缘寂灭"时，人们只能听到声音，而不见他的身影。

寂天见行并重的学风，对后期大乘佛学的发展产生了深远影响。他的这一思想后经阿提沙传到西藏，受到宗喀巴的高度重视，得到了宣扬和发展。

寂天从中观无自性观点出发，对瑜珈行派仍是持批判态度的。

中观学派的继续发展，又出现了以胜义谛空说为基础，吸收瑜珈行派的一些观点，融合而成的新学派——瑜珈中观派。他们没有走月称那一系的道路，而是继承了清辩与瑜珈行派的关系，清辩虽反对瑜珈行派，但他也推崇弥勒，他的一些思想与《辩中边论》也有关系，因而后来的中观学者也就引用瑜珈唯心说，来发展中观学说。

瑜珈中观派的创始人是寂护（梵文为 santaraksita，藏译为静命）。他是 8 世纪东印度人，以弘扬中观学说著称。在其代表作《中观庄严论》中明确把瑜珈行派思想纳入中观思想，认为只有从唯心无境的观点出发，才能真正理解中观无自性的思想。在瑜珈观行中。瑜珈派人先说唯心无境，否定了境；后来又进一层，心亦不可得，也否定了心。因此，唯心说是达到说明心亦不可得的桥梁。寂护吸收这一观点，认为在世俗谛上是唯心无境，在胜义谛上，心境皆无。从而融合、调和了瑜珈与中观两家的观点。

继寂护和其学生莲花戒之后（寂护、莲花戒和寂护前的智藏都是清辩之后以中观著称的，被称为"东方自立量三大家"，莲花戒曾入藏与禅宗的一个僧人摩诃衍辩论，结果胜利，奠定了中观学派在西藏人中的地位），发展瑜珈中观思想的是师子贤。他在寂护门下受教，同时学习《现观庄严论》（现观，即亲证，亲切明了地认识真理；庄严，是一种文体，以颂来解释义理。因无著对《般若经》感到不解，请教弥勒，弥勒就讲了这部论，这部用现观的意义来贯通《般若经》写得很巧妙）。师子贤在般若学方面的研究，使得他在融合瑜珈和中观学说时，把它们都统一到般若上来了。这种思想在无著的《显扬圣教论》的《成现观品》章中的《成瑜珈品》中就有了，无著说瑜珈就是般若，二者是一样的。般若是能够

得到大菩提的最胜方便，所以是瑜珈，瑜珈也是为了得到菩提，因此，实质上也是般若。

这样瑜珈和中观都自称学说渊源于龙树和提婆，而上溯到般若，一个以中观"无自性"来讲中道，一个以瑜珈"唯识性"来讲中道，经过了分裂和争论后，中观接受瑜珈的说法，二者趋于统一，最后则复归到般若上了。在中国也有类似现象，空宗，即性宗出来后，受到有宗、相宗的批判，后来它们都衰落了，而以融合空有两宗为特点的禅宗出现。这是历史的巧合，但它也正说明，中观与瑜珈，性宗与相宗，在解说佛教中道上，各有特点，相互补充则对认识真理有益，冲突、分裂则无多大益处。这也是各种思想冲突、融合而统一的规律。各种思想都有自己的长处，它们在长期冲突中，相互取长补短，相互吸收，从而在一个最高点达到汇合。

第二章
中国三论学的流传和发展

一　鸠摩罗什的关河旧学

　　龙树的中观思想在西域有它的传承，即鸠摩罗什一系。鸠摩罗什出生在西域的龟兹，即今天的新疆库车，在古代属于印度。所以《高僧传》说："鸠摩罗什，此云童寿，天竺人也。家世国相。"[①]　这说明他是出生在印度的一个贵族家庭。他的祖父达多"倜傥不群，名重于国"。他的父亲鸠摩炎"聪明有懿节，将嗣相位，乃辞避出家"。龟兹王听说鸠摩炎的德行后，就把他聪明漂亮的妹妹嫁给了他，她也就是鸠摩罗什的母亲。罗什之后，

---

　　①　梁慧皎：《高僧传》，中华书局，1992 年 10 月。

他的母亲又生了弗沙提婆。他母亲后来见坟墓间的枯骨，悟世事无常，坚决出家。罗什7岁时就随母亲出家了。罗什出生在一个荣华富贵的家庭，且长辈们都有高尚品德，他从小就受到了良好的教育和熏陶。这使得他从小就聪颖过人，还在他9岁时，就在辩论中挫败许多外道论师，获得很高的名誉。他先学小乘佛教，后遇莎车王子须耶利苏摩，学习龙树大乘空宗，从此他就大力弘扬龙树中观学说。罗什有智慧，名声大，当时中土的苻坚就想请他做国师，派吕光灭了龟兹国，把他请到凉州，其时苻坚已为姚苌杀死，吕光就在凉州立国，号后凉。罗什在凉州滞留了15年后，在401年姚苌之子姚兴派兵讨伐后凉，后凉归降，这时罗什才被迎进长安，做了姚兴的国师。其时罗什已51岁，此后，他在长安待了九年，公元409年病死。（有的说是公元413年）。罗什在长安时间虽不长，但业绩很大。这一方面是帝王姚兴对佛学的重视，据《晋书》记载，姚兴能讲论经籍，精通大小乘佛学，并写过《通三世论》一书。另一方面也是当时长安佛学很兴盛，名僧云集，有道安、僧导、僧睿、僧肇等人，而且也有不少外国沙门，群集长安。这些名人都被组织到他的译经工作中来，共有八百多人（有的说有三千多人，包括非直接译经人员），因而译出了许多高质量的经书来。他们译经态度很严谨。《高僧传》记载："什持梵本，兴执旧经，以相仇校，其亲文民旧者，义皆圆通，众心惬伏，莫不欣叹。"后世流传的许多重要经典都是出罗什之手，如《金刚般若波罗蜜经》《妙法莲华经》《维摩诘经》《大佛顶首楞严经》《无量寿经》《弥勒下生经》《佛遗教经》《中论》《百论》《十二门论》《成实论》，等等，共三百余卷。

罗什虽广译经论，但他主要传播的还是龙树大乘空宗思想。由于他的僧团住在被称为"关中"的长安、"渭河"流域，所以他所传的学说被称为"关河旧义"，也就是关河的般若学。它依罗什所传的"实相"为核心，以《大品般若经》《小品般若经》《大智度论》《中论》《百论》《十二门论》等经典为理论依据，并以般若贯通《法华》《维摩》等经及涅槃、法身等思想，他的学说专门研究佛法义理，讲究佛法的一贯理路脉络，因而被称为"义学体系"。由于罗什的学说是以龙树的般若实相为核心，罗什也说他的学说"以实相命宗"。他自己也曾写过《实相论》二卷，所以后人称罗什之学为"实相宗"。实相是佛家宇宙真理观和用语。龙树用中道解释实相，也就是用二谛相即来解释实相。从真谛讲是空，从俗谛讲是有。空与有同时存在于一事物中，即空即有，有空不

离。这样就看到中道实相了。

中道实相是以缘理论为基础的。宇宙万物都是因缘和合而生，是众缘凑合在一起的假相，无自性可言，所以是空。但这些因缘和合的事物，并非不存在，它们是一种假名有。能同时看到事物无自性的一面和假名有的一面，就是中道观。以此去观看世间，就会得到中道实相。

罗什的实相观不外也是以中道来讲，这与他所的《中论》思想是一致的。

罗什在关中大开法席，学人甚多，最多时有3000人。其中有很多有名人物。《高僧传》卷三《译经总论》中说："时有生、融、影、睿、严、观、恒、肇，皆领意言词，词润珠玉，执笔承旨，任在伊人。"① 这八个人被看成最能理解罗什之学的入室弟子。八个人中"老则融睿，小则生肇"，这四人后来被称为"关中八子"。罗什门下诸人原来就学有根基，随罗什学成后，往往不拘一家，而向渊博的方面发展。而僧肇则因能"专精"，所以被认为是罗什嫡传。《高僧传》中记载，罗什称"秦人解空第一者，僧肇其人也。"因此后人讲到关河传承，都是罗什

---

① 《高僧传》卷三。

与僧肇并举。僧肇写过《般若无知论》《不真空论》《物不迁论》，并注释过《维摩经》。

二　玄学与般若三论

罗什在中土的十多年中，他不断译经、讲法，使得"法鼓重震于阎浮，梵轮再转于天北。"[①] 从而使得龙树大乘空宗学说在中国流传开来，为中国佛教的发展开创一个新局面奠定了基础。此后经慧远、僧肇等人的发展，佛学就逐渐获得了独立的地位，不再像开始时依附于黄老，与玄学纠缠不清。此后，中观般若等正统的佛教思想才开始在中国获得发展。佛教传入中国之初，当时的中国人用传统的宗教观念和神仙方术思想去理解和接受佛教，结果把佛教变成神仙方术的一种。东汉时，人们多把释迦牟尼和道教中的黄帝、老子相提并论，视为同类，作为崇拜对象。汉光武帝的儿子楚王刘英是我国历史上第一个信仰佛教的贵族。史载他"诵黄老之微言，尚浮屠之仁祠"。"浮屠"即是"佛"。此时，佛也被看成神仙，"佛之言觉也，恍惚变化，分散身体，或存或

---

① 《广弘明集》中《什法师诔文》。

亡，能大能小，能圆能方，能老能少，能隐能彰，蹈火不烧，履刃不伤，在污不染，在祸无殃，欲行则飞，坐则扬光，故号为佛也。"阿罗汉也成为"能飞行变化，旷劫寿命，住动天地"的神仙人物。

随着佛教的进一步传入和流布，佛经翻译日渐增多，形成安译和支译两大系统，即安世高重视禅法的小乘佛教，和支娄迦谶的宣传般若性空思想的大乘佛教。中土般若学的流行肇端于支娄迦谶译的《般若经》（即《道行般若》），但真正弘扬般若学的是魏晋时的鸠摩罗什及僧肇等人。

罗什在传译般若学乃至在整个中国译经史上都有着杰出的贡献，他所译的《摩诃般若波罗蜜经》成为后来流传最广的《般若经》版本。他所译的《中论》《百论》《十二门论》也成为中土般若学所依据的主要经典。但罗什的学说较接近于印度般若学，没有多少中国特色。这从罗什传的三论宗谱系中也可以看出，他的三论谱系为：龙树—提婆—青目—须利耶苏摩，由此谱系也可以看出罗什对龙树的深情。龙树和提婆的学说，在印度经过后来学者的发挥，已经面目全非，而罗什所得则更真实一些。据罗什所译的《马鸣龙树提婆传》记载，从龙树死后到罗什译他的传记，为时 100 年。而龙树学说成就于北印度，提婆学成后也是在北印度活动，因此，不论在时间上还是地域上，罗什都很接近龙树和提婆，他所传的龙树、提婆学说，自然也就更真切。佛教大乘思想在中国的发展，也日渐中国化，具有中国特色，在魏晋时期形成了"六家七宗"。"六家七宗"思想重心都在宣扬般若学的缘起性空理论。但是，它们的学说与印度般若学是有差异的，偏离了印度般若学，在后来受到了罗什的高足僧肇的批判和纠正。"六家七宗"的思想形成，有着社会的及文化的根源。任何一种外来宗教、外来文化传至异国他乡，首先得依附于当地的传统文化，寻求一个立足之地，之后才能进一步谋求自身的独立发展。而当时，中国的魏晋时期，学术界出现了一个转变，与汉代学术界探求天道物理不同，此时的人们多去体昧万物本体。当时的玄学家多以谈有说无为旨趣，以体道通玄为目的。这种社会风尚、社会思潮，对当时的佛教产生了深刻影响。汤用彤在《汉魏两晋南北朝佛教史》中指出：魏晋时代之佛学，不论在行事风格，抑在研读书籍及所用之名词术语方面，均与玄学家没有多少区别；至于思想内容方面，常常玄佛互证，以"无"谈"空"，"涅般""本无"，遥相符契，真可谓名人释子，携手并进，玄谈佛理，共入一流。这种情形，集中反映在"六家七

宗"学说中。如本无派认为一切事物的本性是"本无"，这与贵无派玄学家王弼的"有之所始，以无为本"是相通的。心无派认为"心无于万物，万物未尝无"，认为物质现象是存在的，重要的是心神寂静，不去执著外物，这与郭象的崇有论有相通之处。即色派认为物质不是自己形成的，没有自体，这与独化说的"生物者无物，而物自生耳"相类似。这些学说都试图解释龙树的般若思想，但是都偏离了。对此，僧肇在他的《不真空论》中对六家七宗作了批判，并阐述了龙树所传的大乘空宗思想。在批判本无派时，僧肇说："本无者，情尚于无多，触言以宾无。"他认为本无宗偏重于"无"，有恶趣空的倾向，有滞于无，执著于无，执著于法的错误。正确的观点是亦有亦无，非有非无，有无并存，以有谈无，以无谈有，不能把两者割裂开来谈论。心无派认为"无心于物"就可以了。僧肇认为"此得在于神静，失在于物虚"。即这一派的长处是破除了心对万物的执著，使心神寂静，但没有否认外境万物的存在。这是偏离了龙树中观学万法因缘而起，自性是空的学说的。即色派认为"心无于有""色不自色"，即任何事物都不是自我形成的，不是事物本身。僧肇认为他们不知"色之非色"，即事物本身是没有自性的，是假有。因此即色宗显然也未符合龙树中观思想。

从僧肇对"六家七宗"的批判看，他无疑是更忠实于印度佛教。龙树所传的大乘空宗思想，在批判"六家"时，提出以"不真"说"空"的理论，恢复了般若学以缘起说无自性，以无自性即假，假即不真，不真故空的思想。他对般若思想的正本清源作出了重大贡献。因而被鸠摩罗什誉为"解空第一"。他对把佛教般若学从玄学中解脱出来，进而以般若取代玄学起着重要作用。由于他学说的重要地位，三论宗的创始人吉藏在《大乘玄论》中说僧肇"可谓玄宗之始"，这等于把僧肇推为三论宗在中国的初祖了。明末蕅益大师在《阅藏知津》的"凡例"中也说："此土述作，唯肇公及南岳、天台二师（慧思和智者）醇乎其醇，真不愧马鸣、龙树、无著、世亲。"[1] 他这样赞扬僧肇，把他和龙树相比，可见僧肇的般若学与龙树中观思想是极相似的，未曾走调，未曾偏离大乘中观思想。

三 与成实宗的争论

大乘佛学开始传到中国时，是以《般若经》一类经

---

① 蕅益大师：《阅藏知津》。

典为基础的，经过罗什的翻译弘扬，就有了三论学。罗什的门下，有僧肇、昙影、僧睿、僧导等深谙三论学，极盛一时，后来关中时势动乱，加上北魏太武帝灭佛毁法，佛法衰微。罗什的学说传到江南的就是《十诵律》和《成实论》了。本来成实论只是为了修行的方便而提出来的，但是一经提倡，人们反倒不能辨别学说性质的大小、权实了。《成实论》是诃梨跋摩撰写的，他是中天竺人，大约在中国曹魏时出生，本来信奉小乘阿毗昙，后来知道迦旃延大论，感叹它们源同末异，于是就潜心大藏，博引百家众流的精华，撰写成二百二十品的《成实论》。在东晋时，传到中国，姚秦弘始十三年（411年），尚书姚显请鸠摩罗什用了一年时间译出这部论著。罗什晚年才译出成实，他平生致力于般若，之所以译出这部小乘经论，是因为《成实论》的名相分析，条理井然，便于初学佛教的人阅读和理解；而且什公向来排斥毗昙学，而此论常破毗昙，而它的义理又多受般若影响，可与研究般若的人作比较，所以译出此论。但罗什并不特别重视这部论著。成实论由于便于初学，在流传中就渐渐被称为大乘了，直到齐、梁般若三论兴起，才把它定为小乘，加以排斥。

什公译出此论时已是晚年，所以他的弟子中精通此论的人不多，有名的有僧导、僧嵩等。罗什译出成实论后，中国分裂为南北朝，在南朝时代，僧嵩、僧渊在彭城弘法。在齐朝，有道猛的弟子兴皇诸人在南京讲习成实论。到梁朝，成实宗极盛。《广弘明集》说当时"法华维摩之家，往往间出；涅般成实之唱，处处聚徒"。当时的名僧宣武、法宠、光宅法云、庄严僧旻、开善智藏都研习成实宗。

宋、齐、梁三代，佛学主流是涅槃学和成实学，般若三论很少有人重视，讲习的人很少，与东晋的盛况相比，实在是衰落了。然而齐梁二代也有学者在这方面有造诣。《高僧传》中载有齐时的智林、玄畅、慧基、僧钟，梁代的有智秀、法通、昙斐等僧人。此后擅长三论的人就不多了。日本东大寺真言院沙门圣守作的《三论兴缘》中说：

> 佛在周庄王时，周襄王时灭度。为秦姚兴王时，罗什译经弟子八百人，诸信谢灵运等三千余人，皆信学大乘三论，大兴佛法。梁时，三论渐衰，甚隆成实也。①

---

① 《三论兴缘》圣守。

说的就是梁代三论衰微，成实兴隆的情况。

南朝重清谈雅论，《颜氏家训》中论江左玄风时说："泊乎梁世，兹风多闻，老庄周易，总称三玄，武皇简文，躬自讲论。"晋代的般若学兴起与当时社会玄学思潮分不开，而三论学在梁代的兴起，也与人们好清谈雅论相关。

成实学在齐代，已发展到顶峰。但当时的竟陵文宣王偏好大乘，曾写《净名经疏》，又让柔次把十六卷《成实论》缩减成九卷本。《出三藏记集》第十一卷《略成实论记》中说：

> 公每以大乘经渊深，漏道之津涯，正法之枢纽。而近世陵废，莫或敦修，弃本逐末，丧功繁论。故即于律座，令柔次等诸论师，钞此成实，简繁存要，略成九卷，使辞约理举，易于研讨。①

文宣王对于人们重成实而轻般若很痛心，所以就命令删略成实，这是重般若轻成实的一种举动。钞成《成实论》后，文宣王又令周颙作序。周颙在序中说成实：

---

① 《出三藏记集》第十一卷。

"近派小流"，

"言精理赡，思味易耽。"

"亦不可废，故删赊采要，得使功归至典，其道弥传；般若诸经，无堕于地矣。"

周颙在结论中特别地提到般若，他轻成实，重般若的思想就是很明显的了。而他在其名著《三宗论》中，阐述二谛的理论，目的就是在于尊重般若而贬斥成实。因为周颙认为般若是佛学的宗旨所在，所以就不会把其他各家抬到般若学上面了。

梁武帝喜好玄学，亲自讲过《老子》，他虽没有正面非议成实学，但他尊重般若，痛恨世人轻疑般若的思想倾向，《弘明集》中的《请梁祖讲金字波若启》《御讲波若经序》和《叙御讲般若义并问答》还载有他还亲自讲解《般若经》的情况，他的这种行为对于三论的兴起是有一定推动作用的。

陈朝时，玄学思潮仍然兴盛，三论学也更流行了。陈武帝偏好《大品》，尤敦三论（见《续高僧传·法泰传》）。文宣二帝，也很推崇三论学的大德。

三论宗的兴盛，全在于摄山学派的诸位大德，他们是僧朗、僧诠、法朗。吉藏则在中国使三论学重新振兴

起来，并成为中国第一个佛教流派（在隋唐之前，佛法只有师法，还未成立教派。因此这些学说之间的斗争与隋唐佛教教派之间的冲突有一定的区别）。

这样，经过帝王、学士及三论学僧的共同努力和推动，至此三论学终于又重新占了上风，远非成实学所能与之抗衡的了。

《三宗论》是周颙作的，它对当时流传的关于二谛义的三种不同思想进行了分析和评价。周颙的《三宗论》是三论学对成实学的第一次正式攻击，对复兴三论学自然是有重大意义的，因此讲到三论宗与成实宗的争论就不能不说到周颙的《三宗论》。但它的意义远不止于此，正如智林在写给周颙的信中说："《三宗论》钩深索隐，尽众生之情。廓而通之，尽诸佛之意。"周颙也在答张融书（弘明集）中说："是吾《三宗》鄙论，所谓取舍驱驰，未有能越其度者也。"由此则知，周颙的论说不但会合当时的诸学说，而且也自称是尽摄一切佛学的。

吉藏《大乘玄论》卷一说："次周颙明三宗二谛，一不空假，二空假，三假空。"在《中论疏》中也说："次齐隐士周颙著《三宗论》。一不空假名，二空假名，三假名空。"

吉藏说开善的二谛义是属于空假名宗的，但开善在讨论二谛义时，用语却和三论宗人用语相同，所以吉藏就专门将这两者辨别清楚。开善提出真俗一中道，也就是说二谛一体，是相即的。他说："与物举体即真，故非有。举体即俗，故非无。则非有非无，真俗一中道也。"这也就是说二谛以中道为体。但是分别说来，则有俗谛中道与真谛中道。开善说："真谛无相，故非有非无真谛中道也。俗谛是因，假即因，非即果，故非有。非不作果，故无。此非有非无，俗谛中道也。"开善曾讲，"谛"是一真不二之极理。吉藏说把谛说成是"理"，是不对的。因为俗理非真，真理非俗，这样就有两个理。虚是俗理，无相是真理。既是二理，即是二物。这样讲以中道为体的二谛相即理论，显然与三论宗讲的即空即有，即有即空的二谛理论是不同的。吉藏说二谛，其实是教，是对二见执著很深的人而设，所以二谛是指不二之理。如指指月，意不在指，而在得月。因为二谛只是教，所以只有一个实谛，为了诱导众生才说为二。因此吉藏就说成实宗人不知道中道是"一如"的、是空有是"相即"的。说"举体即真"，则有去有存空的弊病；讲"举体即俗"，就似乎是顺俗而逆真。就如同瓜沉，则全体都不见，瓜浮则全体都露出来了一样。

　　在讲空假名宗时，吉藏批判了教内的成实学说，而

周颙则认为道家老子也应归为空假名宗，因为老子并没有明确说体用不离，所说的"无"似乎就是在"有"之外。他说，老氏之神地悠悠，自悠悠全有外。而"佛教之所以义夺群情，言诡声律，盖谓即色非有，故擅绝于群家耳。""即色非有"，则不外有，亦不外无。有无相即，即有即无，即体即用，所以体性尽无，同时也是尽有。这样佛教能即有而空，即空而有，非空非有，空有不二，这确是它不同于其他学说的地方。因此说这是佛教与道家不同之处，这在学术史上倒有不少人持这样的看法，如魏源在《老子本义》中说，老子学说与佛家是不同的，老子在恍惚之中还有物，有信，这在佛教看来则是虚妄的，因为"一切有相，皆为虚妄"，相不是真的，但是道家说恍惚之中有物存在，这是两家的不同，但说到孰优孰劣，则很易变成两种学说宗教感情上的争论，因为上面的说法未必就是道家底蕴。因此在当时就有张少子和周颙辩论说，老氏不是不知道即色即空，不过人情恒滞于有，所以就不先说即色而空，而是渐因有以尽无。他说："直以物感分，应物难合，令万象与视听交错，视听与万象相横，著之既已深，却之必方浅。所以苦下之翁，且藏即色，顺其所有，不震其情，尊其所无，渐情其顺。及物有潜去，人时欲无。"

关于即体即用，儒家与佛家也有不同。现代新儒家熊十力在他的《体用论》中说，儒家从易学"一阴一阳之谓道"出发，是真正讲即体即用的，易经确实是体不离用，用不离体，二者浑然一体，儒家学说也正是建立在这个基础上，孔子的仁就是浑然与天地同体，它的用也是与天地同体，因此体用是不二的。从这一点出发熊十力就批判佛家没有见到真正的道，整个就是在打妄想。他所以这么批判，是因为儒家的即体即用多是从伦理角度讲的，是现实的，合乎人的本性，是偏重于讲用；而佛家讲即体即用，多是从理上讲的，从智上讲的，偏重于讲体，但它不是不讲用，佛教讲即色即空，还是保存有一个假名有，在这个假名有世界中，人依然要遵守各种道德规范，否则就会得到恶报，这就是堕入"恶趣空"，就不是佛教本义了。

四　摄山三论学派的兴起

梁武帝及文宣王等皇室的支持，周颙等学士的呐喊及一些三论学僧的努力，只是为三论学的振兴作了铺垫。三论学的真正振兴，全在于摄山的诸位大德。

三论学在鸠摩罗什及僧肇后，传承者有道生、昙济。

然后三论学的传承中断过一段时期。在梁武帝时有辽东僧朗善讲三论。僧朗是高丽僧人。《高僧传·法度传》中记载说：

> 朗本辽东人，为性广学，思力该普。凡厥经论，皆能讲说。《华严》三论，最所命家。

吉藏在《大乘玄论》卷一中说：

> 摄山高丽朗大师，本是辽东城人，从北土远习罗什师义，来入吴土，住钟山草堂寺，值隐士周颙，周颙因就师学。次梁武帝敬信三宝，闻大师来，遣僧正智寂十师往山就学。

而在日本东大寺真言院沙门圣守的《三论兴缘》中，有关于僧朗大师的记载：

> 时梁武帝专信三宝而无验无益，故召诸国相师令相占之，一切相师同云："今以青衣比丘讲经者，必兴佛法。必盛宇内。时帝求青衣于何所在耶？"方乃人白曰："会稽西霞山寺有高丽僧朗法师，必不脱

青衣，服青衣而修道。"王大欢悦，即以躬诣山寺而礼请受，即于宫内讲说《金光明经》，即年天龙欢喜，阴阳顺时，谷叶丰足，宇内大盛，时大王欢喜，即推问论宗。僧奏白三论。梁武帝告之大法师，汝等所将弟子中，取上足弟子二十人，并六十人，令教三论义……时得三论义意即止观诠。①

由此可知，武帝确实命人向僧朗学习过三论，而且也就只有止观诠学得三论的旨意。

关于僧朗，史传不多。但他是高丽人，这与在中国第一个传播三论学的罗什一样是外籍高僧。罗什的传承还是较清楚的，是龙树青目一系，但僧朗的传承就不甚明了，因为僧朗的师傅是法度，法度是黄龙人，江南人称北方燕地为黄龙，所以法度和僧朗的故乡较近。法度的师傅不知是什么人，只知他"备综众经，而专以苦节成务。"而没有听说他以般若学见称。《高僧传》中说："或度并不以学见知，度信弥陀净土，讲无量寿以，有名之摄山无量寿石佛，即为度而凿。"传记中并未说法度讲学三论，而说他信仰净土，讲无量寿经，所以僧朗虽是

① 《三论兴缘·圣守》。

法度的弟子，但三论之学，未必是法度传给他的。而吉藏在《大乘玄论》中说僧朗"从北土远习罗什师义"，这又没有凭证。吉藏说僧朗"远习罗什师义"，只是为了把三论宗的传承弄得纯洁一些，僧朗的学问或许是从古代三论注疏中学到的，这也可能。总之，复兴三论学的僧朗的传承不如罗什的传承清楚。僧朗这样一个复兴三论学的关键人物，他的传承不明了，或许因为他是外籍高僧，也可能因为他一直住在山中，没有搞大规模的活动。历史上还有一个河西道朗，人们常把他和高丽僧朗混为一谈，这是不对的。河西道朗曾作《中论序》，并助译《涅盘经》。这在吉藏的《中论疏》卷一中有记载："河西道朗亦制《中论序》"，《大乘玄论》卷三说："河西道朗与昙无谶共翻《涅盘经》，作《涅盘义疏》。"这些都是指河西凉州道朗，而对于高丽僧朗，吉藏则称他为"高丽朗""朗公""摄山大师""大朗法师""摄岭""摄岭朗"等。而称河西道朗，则必以河西二字加在其名字之前以示区别。

　　然而他的师傅，栖霞山的开山祖师法度，在《高僧传》中有着明确记载。《高僧传》中说，法度是宋末黄龙人，从小就出家，修苦行。当时有名士明僧绍，隐居在琅琊摄山，"挹度清徽，待以师友之敬。及亡，舍所舍山为栖霞精舍，请度居之。"这块地方，原先有道士想在此盖道观，但住进去后，人就死去；后来盖了寺后，还是经常有不祥的事发生；但法度住在此山后"群妖皆息"。这是为什么呢？原来此山有一山神，名为靳尚，统治此山有七百多年了，一天，靳尚化为人来拜访法度，说："神道有法，物不得干。前诸栖□或非真正，故死病继之，亦其命也。法师道德所归，谨舍以奉给。"由此可知，法度的道德，是神人咸钦的。在他以后摄山出了三代高僧，这也许与开山祖师的福泽是相应的吧。

高丽僧朗由于学问精深，梁武帝"遣僧正智寂等十师，往师受学。"但唯有僧诠学有所成，这就是三论宗第四祖止观诠。《续高僧传》卷九称他"初受业朗公，玄旨所存，唯明中观。顿迹幽林，禅味相得。"僧诠与僧朗一样，常常住在山中不出来，所以僧诠又被嘉祥吉藏称为山中师或止观师。

历史上僧诠也有两个人。《高僧传》余杭方显寺僧诠云："僧诠，姓张，辽西海阳人，少游燕齐，遍学外典。弱冠方出家。后精练三藏，为北土学者之宗。后过江止京师，铺筵大讲，化俗江南。"这是指余杭的僧诠。他"特进王裕，及高士戴，到诠墓所，刻不立碑。"梁《高僧传》写到天监十八年（519 年）为止，而这时，止观

诠正在僧朗处学习。可见这两个僧诠不是同一个人。而余杭僧诠又有弟子法朗，梁大通二年（529年）才在青州出家，这显然与高僧传中法朗也为同一个人。

止观诠不出山门，他怕三论学传出去招人诽谤攻击。他常说："出讲堂不许人语。"所以当时的三论学者也不多，在都城，仍是涅槃与成实的天下。《陈书》中也有关于止观诠与世无争的记载。大心暠法师说："摄山大师诱进化导，即习行于无诤者也。"傅缚说"摄山大师，实无矣……彼静守幽谷，寂乐无为。凡有训勉，莫匪同志，从容语嘿，物无间然。"

摄山大师虽足不出户，与世无争，但声誉很高，他讲《大智度论》三论及华严大品等经。道宣《宋高僧传》说："摄山诠尚，直辔一乘，横行出世。"又说他："大乘海岳，声誉远播。"

僧诠有弟子数百人，其中有四人很有名。那就是四句朗、领悟辩、文章勇、得意布，他们称为"诠公四友"。

四句朗也就是兴皇法朗，即中国三论宗第五祖。他先住在山中，后来到扬都兴皇寺弘法。而智辩则住在长干寺，慧勇住在大禅众寺。这样三论学被三祖僧朗从北方传到南方，经过两代高僧（僧朗、僧诠）的晦隐藏韬后，到了法朗时，三论宗就开始走出山林，得到大力弘扬了。而且他们一出来就勇猛异常，把三论的宗风显现出来。《中论疏》说法朗一出山，就"斥外道，批毗昙，排成实，呵大乘"。而不再是像僧朗和僧诠那样住在山中，与世无争。法朗是将军出身，意气雄伟。《百论疏》说："大师每登高座，常云不畏烦恼，唯畏于我。"《陈书》中记载他讲学时的盛况："兴皇讲说，听者云会，挥汗屈膝，法衣千领，积散恒结，每一上座，辄易一衣。帝王名士，所共尊敬。"他批成实时说："成实小乘，而托谈空之名，极易乱大乘中观之正义"（见《大乘玄论》卷五）。然而成实论以前一直兴盛，对于复兴的批驳它的三论学，自然是力加排斥，所以成实和三论的争论，由于势均力敌，显得激烈异常，以致发展到相互倾轧，性命相争的地步。《续高僧传》中记载灵睿在四川弘扬三论，寺中的僧人多习成实，"嫌此空论，常破吾心，将其杀害。"

此时的大乘经论，比以前多了。在僧朗时，北方的菩提流支译有《十地论》，在兴皇法朗时，南方真谛译有《摄大乘论》，并应僧朗之请译出《中论观因缘一品》。因此此时大乘已成为不可逆转的历史趋势，小乘成实论已是强弩之末了。

僧诠的弟子除兴皇法朗颇有建树外，其他弟子也颇有名声。得意布，又称慧布，他没有像法朗、智辩、慧勇一样走出山林到外面去弘法，他以"誓不讲说，护持为务。"他很重视无得正观的实证修行。其实证之深，得到禅宗二祖慧可的称扬。慧可称他"法师所述，可谓破我除见，莫过此也"。又曾拜访天台南岳慧思禅师。禅师以铁如意打案曰："万里空矣，无此智者。"

僧诠的另一个弟子慧勇，住在大禅众寺18年，声名藉甚，讲说相继。

智辩则住在长干寺，他在太极殿讲说，百辟具陈，七众咸萃，可见他的尊荣与显贵。在《高僧传》中载有智辩是中假师，为兴皇法朗所斥。但嘉祥大师认为中假师是诠公的另一门人慧静法师。吉藏没有认为慧勇与法朗的见解有什么冲突。

而兴皇法朗则是在扬都兴皇寺住了25年，讲《华严》《大品》《四论》各二十多遍。他的门下人才济济，有朗门二十五哲之称。法朗门人很多，而吉藏最有成就，他就是三论宗第六祖嘉祥大师。至此，三论宗一脉，在中国的传扬真是极盛一时了。

法朗教人的宗旨，散见在其弟子吉藏的著述中，从《胜鬘经宝窟》中我们可以窥见一斑。

家师朗和尚，每登高座，诲彼门下，言以不住为端，心以无所得为主。故深经高匠，启悟群生，令心无所著……今闻佛法，更复起落，是为著上复生著，著心坚固，苦根转深，无由解脱。欲令弘经利人，及行道自行，勿起著心。

吉藏在《中观论疏》卷五中，又记载了法朗对八不的解释："师云：标此八不，摄一切大小内外有所得人。心之所行，口之所说，皆堕在八事中。今破此八事，即破一切有所得人，故明八不。所以然者：一切有所得人，生心动念，即是生；欲灭烦恼，即是灭。谓己身无常为断，有常住可求为常。真谛无相为一，世谛万象不同为异。从无明流来为来，驮本还原出去为出。裁起一心念，即是此八种颠倒。今一一历心，观此无从，令一切有所得心毕竟清净，故云，不生不灭，乃至不来不出也……今毕竟无遗，即悟实相，既悟实相之体，即解假名因缘，无方大用也。"

在此，吉藏反复申述其师一切法不可得的缘起中道思想，并阐述中，批判其他各教，显示了三论宗风。《中观论疏》中说："三论未出之前，若毗昙、成实，有所得大乘，及禅师律师，行道苦节。如此之人，皆是有所得，

生灭断常，障中道正观。"并且指出它们因有所得，而障中道正观，是直接与佛教根本教义"缘起"思想相违背的。所以，吉藏接着说："既障中道正观，亦障假名因缘，无方大用。"这种尖锐严厉的批判、破斥是直接继承了龙树中观学的宗风吧。

兴皇法朗的门人遍布中国各地，其中影响较大的有慧哲、智炬、明法师、吉藏四人。慧哲有象王哲之称，其学人有三百多，其中有50人学有成就，他们有惠睿、智嵩等。

智炬在建业建初寺讲三论，听者通常有一百多人。开皇十九年（599年），移居长安，住日严寺，写了《中论疏》。

明法师的记载不多，但他是兴皇法朗道统的传人。法朗在自己将迁化前，推举"吾坐之东，柱下明"来继承他的学统，但明法师居此席，不移八载，口无谈述，身无妄涉，众目痴明。众人听了法朗的这番遗嘱，很是疑惑。法朗为静众口，聊举其致，命少年捧就传坐。告曰："今问论中十科深意，初未曾言，而明已解，可一一叙之。"既叙之后，大众惬伏，皆渐谢于轻蔑矣。后来明法师搬到茅山居住，终身不出，弘扬三论，唐初三论学名人，多是出自于他的门下。法朗之

学，有"山门义"之称，其传人明法师也就被称为
"山门之致"了。

五　吉藏的三论宗思想

三论学成为宗派，则是法朗的另一高足吉藏的成就，
他就是三论宗第六祖嘉祥大师。嘉祥大师吉藏俗姓安，
是西域安息人。日本人安澄在《中论疏证》中说：

> 象法之中，有应真大士，厥号吉藏，诞生震旦，
> 独步一人，斯乃四依菩萨之一士也。俗姓安氏，是
> 安息太子苗裔，母马氏，即扬州金陵里女。祖世避
> 仇，移居南海。①

由于吉藏生于西域，所以有"胡吉藏"之称，其传
记中也说他"貌像西梵，言实东华。"

又载"母梦有神人乘支而至，因此降祥，俄而
载诞。"

《续高僧传》吉藏传中记载有：

---

① 安澄：《中论疏证》。

> 释吉藏，俗姓安，本安息人也。祖世避仇，移居南海，因遂家于交广之间，后迁金陵面而生藏焉。①

这些记载说明吉藏祖先是为了避开仇人，移居南海，后又迁到金陵，生下吉藏的。关于吉藏的身世虽有传奇色彩，然而还是可以看出吉藏祖辈是安息国人，与三论宗第一祖罗什同为西域人，与振兴中断了的三论学的高丽僧朗一样同为外族人，三论学的传入、振兴和发展到鼎盛，都靠的是外国僧人，这倒是一个巧合。

在吉藏年幼时，他的父亲就引他去见真谛大师，真谛是来华僧人，是当时著名的佛经翻译家。"谛问其所怀，可为吉藏，因遂名也。"关于名字，述义说：吉即不二之法，以此为藏，贮畜法宝，布施群生，故仍名之。又可理解为：中道正观之法，名之为吉，以此为藏，贮畜法财施与庶品。又有人理解为：吉者善也，藏者摄持之义也。这些都是后人对真谛三藏给吉藏这样一代宗师起的名字的理解，以表示他们对嘉祥大师的尊崇和景仰。

---

① 《续高僧传》。

后来吉藏的父亲出家，名道凉。他常带幼小的吉藏听法朗大师讲学。《吉藏传》中记载吉藏的父亲说：

> 历世奉佛门无两事，父后出家，名为道凉。精勤自拔，苦节少伦，乞食听法，以为常业……凉恒将藏听兴皇道朗法师讲，随闻领解，悟若天真。①

这里说出了吉藏出生在一个世代信佛的家庭，而且祖父辈都有高尚的道德和超俗的志向，生在这样一个良好的家庭中，对他日后成为佛门龙象，无疑是有很好的帮助。这与罗什的身世和年少时的经历颇为相似。《高僧传》载有罗什"家世国相"，祖父"偶傥不群，名重于国。"父亲"聪明懿节"，母亲"识悟明敏，过目则能，一闻则诵。"后出家，"东禅法，专精匪懈，学得初果"。而罗什7岁时随母亲出家，"什年七岁，亦俱出家……师授其义，即日通达，无幽不畅"。

由于受到父辈佛学信仰的熏陶，吉藏"年至七岁，投朗出家。"他智明利根与罗什不相上下。《吉藏传》中记载他：

---

① 《续高僧传》。

采涉玄酋，日新幽致，凡所谘禀，妙达指归，论难所标，独高伦次，词吐赡逸，弘裕多奇。至年十九，处众覆述，精辩逢游，酬接时彦，绰有余美，进誉扬邑，有光学众。

后来，他受了具足戒，"声闻转高，陈桂阳王钦其风采，叶纳义旨，钦味奉之。"隋朝平定南方后，吉藏就到东边，"止泊嘉祥，如常敷引。禹穴成市，问道千余。"他开始时，受陈桂阳王的钦奉，随着隋朝统一中国后，他又移向东方会稽，在嘉祥寺居住，约有15年，所以后世称他为嘉祥大师。后来，隋炀帝"以藏名解著功，召入慧日"，后来"王（隋炀帝）又于京师置日严寺，别教延藏往彼居之。"可见隋炀帝对吉藏是非常重视的，对他"礼事丰华，优赏伦异"，"欲使道振中原，行高帝壤"。

吉藏的才华出众，得到帝王的拥护，同时又得到道俗两众的拥护，所以"藏法化不穷，财施填积"，"凡有所营，无非成就"。

由于吉藏的才华好，道德高，名声广，招致一些人与他辩论。当时有"沙门僧粲，自号论师（其人受齐、陈、周三代尊重），雄辩河倾，吐言折角。"与吉藏辩论，"往返四十余番"，"藏对引飞激，注赡滔然，兼之间施礼貌，词彩铺发，合席情，然而退。于是芳誉更举，顿爽由来。"吉藏是学习龙树中观学的，深得其破敌言论的三昧，与其他中观学者一样，辩论正是他的拿手好戏。

唐高祖推翻隋朝，进入长安，因"僧过繁结，置十大德"，而藏"居其一焉"。后齐王李元吉久揖风酋，亲承师范，又屈住延兴（寺）。在唐高祖武德六年（623年）五月，"藏跏坐，俨思如有喜色。斋时将及，奄然而化。"时年七十五。在临终前，作《死不怖论》，说："夫死由生来，宜畏于生。吾若不生，何由有死？其初生，即知终死，宜应泣生，不应怖死。"在这里，他一再从中观思想出发，指出生死是相对的，死在生中，是生的必然结果，它们都是缘起无自性的，是假有。所以不应对死感到恐怖，而应当处理好当下的生存。

吉藏的学问很深厚，他在陈隋动乱之际，收集了三屋子的佛教典籍，所以在当时没有人比他更博学了。因此他"注引弘广，咸由此焉"。他一共著了三十八部论疏，有一百多卷。他还不遗余力地讲学，讲《三论》一百多遍，讲《法华》三十多遍，讲《大品》《智论》《华严》《维摩》等各数十遍。

吉藏流传于后世的著作有二十七部，它们是：

《华严经游意》一卷，

《法华经游意》一卷，

《法华经玄论》十卷，

《法华义疏》十二卷，

《法华统略》六卷，

《大品经游意》一卷，

《大品经广疏》十卷，

《金刚经义疏》四卷，

《仁王经疏》六卷，

《维摩经义疏》六卷，

《维摩经略疏》五卷，

《净名玄论》八卷，

《涅般经游意》一卷，

《胜鬘宝窟经》六卷，

《无量寿经义疏》一卷，

《观无量寿经义疏》一卷，

《金光明经》一卷，

《弥勒经游意》一卷，

《法华论疏》三卷，

《中论疏》二十卷，

《十二门论疏》十二卷，

《百论疏》九卷，

《三论玄义》一卷，

《大乘玄论》五卷，

《三论略章》一卷，

《二谛章》三卷，

《二谛义》三卷。

还有九部未流传下来，它们是：

《法华经科文》二卷，

《法华新撰疏》六卷，

《法华玄谈》一卷，

《大品经略疏》四卷，

《涅般经疏》十四卷（或二十卷），

《盂兰盆经疏》一卷，

《中论疏略》一卷，

《中论玄》一卷，

《十二门论略疏》一卷，

《三论序疏》一卷，

《八科章》一卷。

吉藏之后，虽有传人，如慧远，智拔，智命，硕法师，元康等人，但他们对三论思想的阐述或发展都未超过吉藏。吉藏的再传弟子元康作过《肇论疏》，是理解僧肇学说的重要资料。日本三论宗的祖师之一道慈律师曾向元康学习过空宗思想。三论宗在中国流传不长，由于其他宗派的兴起，对它或排斥，或吸收，就渐渐衰落了。吉藏的高丽弟子慧灌学有所成，他把吉藏的思想传到日本，并在日本创立了日本佛教的第一个宗派——三论宗。这样三论宗在中国反不如在日本流传久远了。

吉藏继承了龙树、罗什的中观般若思想，阐述了中道及二谛的理论，但吉藏处于中国，处于佛教中国化的过渡时期，他的思想也就不可能完全与龙树、罗什的般若学相同。他还吸收了当时社会所重视的大乘佛法思想，对中观学作了发展，从而创立了三论宗。下面就阐述吉藏的一些重要思想。

（一）二藏三轮

罗什将三论译成汉文，接着《大般涅槃经》也传入中国，它主要是讲大乘有宗思想，这和三论学所宣扬的空宗理论产生了矛盾，双方发生争执，于是罗什的弟子慧观就开始判教，这是中国佛教史上判教的开始。他按佛说的经归纳为二教五时，二教是指顿教和渐教，顿教为华严教，渐教又有五时：

一　三乘别教，即对声闻·缘觉·菩萨分别讲四谛，十二缘起，六度理论。

二　三乘通教，即《般若经》。他认为般若思想为三乘学人声闻、缘觉、菩萨所共通的。

三　抑扬教，即《净名》《思益》等经，这些经抑挫声闻，赞扬菩萨。

四　同归教，即《法华经》，把三乘归为一乘，即佛乘。

五　常住教，即《涅槃经》，主张佛常住涅槃。

但吉藏不同意这种判教主张，而提出二藏三轮思想。"二藏"即声闻藏和菩萨藏。吉藏在《中论疏》卷一中解释说："立二藏名者，此是立教名也。夫立教之意为禀教之人，缘觉不禀教，声闻禀教，故名声闻藏。菩萨禀教，佛不禀教，故名菩萨藏。"① 这就是说"二藏"是根据听闻教化的人安立的。缘觉是佛涅槃后才出世的，只是观

---

① 《中论疏》卷一。

"十二因缘"而得道,并没有听闻佛法。而声闻则是直接听闻佛法而得道的,因而以声闻藏代表小乘佛教。同样,菩萨听佛法而修道,所以以菩萨藏代表大乘佛教。佛已达终极圆满,不再要听闻说法了,所以不称佛藏。吉藏就这样把佛教分为大乘和小乘,而不是从顿渐来分。所以他说:"但应立大小二教,不应制于五时。"①"二藏"的判教也不是吉藏的发明,他说:"从菩提留支度后至于即世,分佛教为半、满两宗,亦云声闻、菩萨二藏。"②

"轮"即三转法轮。《中论疏》卷一解释说:"如《法华经》总序,十方诸佛及释迦一化,凡有三轮:一、根本法轮,谓一乘教也;二、枝末法轮之教,众生不堪闻一故,于一佛乘分别说三,三从一起,故称枝末也。三、摄末归本,令彼三乘,同归一极,此之法门,无教不收,无理不摄,如空之含万象,若海之纳百川。"③

这就是说佛陀说法,有三个层次,第一个是根本法轮,使人人成佛,但众生层次不一,所以就把根本一乘分别说为三乘,即声闻 缘觉 菩萨,以引导众生去修成佛道,这样就有第二层次的枝末法轮。最后,又把三

---

① 《三论玄义》卷上。
② 《胜鬘经宝窟》卷一。
③ 《中论疏》卷一。

乘归为一乘，说成佛的道理，这是摄末归本法轮。吉藏从佛陀教化的整体出发，吸收法华思想，点出佛陀说法的根本意旨是让众生成佛，因而把佛法分为"三轮"，这是有意义和价值的。

吉藏的《法华经游意》《法华经玄论》《法华统略》等又对"三轮"做了更细的解说。说根本法轮是指《华严经》，枝末法轮是指自《阿含经》开始到《法华经》以前诸经，如《般若》《净名》等。而摄末归本法轮是指《法华经》。

吉藏的"三轮"思想也是继承他的老师兴皇法朗的。法朗将佛教判为"三教"：一根本教，即《华严经》。二方便教，即《般若》《法华》《维摩》《思益》等经。三归宗教，即《涅盘经》。从吉藏和法朗的比较中可以看出吉藏没有完全接受法朗思想，而是有自己的一套体系。

从三论宗的判教可以看出，三论宗虽最早创立，但他们并没有把自己的宗派视为最高，而是认为般若是佛陀本怀，是各宗各派共同的方法，是佛教发展成熟的标志，贯穿在佛教发展始终，对各宗都有指导意义和价值。

（二）归无所得

吉藏是三论宗的创始人，他提出"破而不立""破邪

显正"的思想来讲中道，认为破邪即显正，邪执若尽，当然就会完全显现。三论宗认为邪就是有所得，正就是无所得，无所得就是不以分别心执著名言概念，绝言忘虑，体证实相中道。吉藏非常强调破除一切有所得的偏见，把一切归为无所得。这一点，他继承了法朗的道统。他说："家师朗和尚，每登高座，诲彼门人，言以不住为端，以无所得为主。"①

三论宗人把一切归于无所得的方法是"破而不立"。这种方法的特点是一破到底，任何一点执著，任何一点所得都要破除。三论宗学人对外道和佛教内部的大小乘各派，凡是主张有所得的，都加以破斥，尤其是对于执著于自性和本性论的学说，都大力批判。说无所得不等于空，因为执著于空也是有所得。它只是对有所得的偏见的否定，无所得不是虚无主义，而是一种特定的证悟境界。三论宗反对破外有立，认为那样会落入邪见，这是三论学说彻底贯彻了中观学派般若无得理论，显示出了中观学派的根本特色。

吉藏不立论，也就是不留一点执著为人所破。这种归无所得的方法在龙树《中论颂》第四品中有着体现，

---

① 吉藏：《胜鬘宝窟经》。

论中说：

> 若人有问者，离空而欲答，是则不成答，俱同
> 于彼疑。若人有难问，离空说其过，是不成难问，
> 俱同于彼疑。①

颂文大意是说，在以空无自性为依据的这一大前提下，尽管立论争辩时所举概括净尽，但意之所至无不包含，再不会有例外来作为反对的论证。

吉藏的言说方式还表现在他对二谛理论的阐述中。二谛理论是中观学派用来组织佛教学说，阐述宇宙万有的实相的基本论纲。龙树在《中观·观四谛品》中说："诸佛依二谛，为众生说法，一以世俗谛，二第一义谛；若人不能知，分别于二谛，则于深佛法，不知真实义。"青目解释说，世俗谛明虚妄法，但对于世间是实在，第一义谛明法空，但对于圣人是实在。二谛是言教形式，由于所对的对象不同，不妨都是真实的。提婆的《百论·破空品》中也说："诸佛说法常依俗谛，第一义谛，是二皆实，非妄语也。"② 中观学是讲缘起性空的，破一

---

① 龙树：《中论颂》，金陵刻经处，第5页。
② 提婆：《百论·破空品》。

切相，破一切世间相容易，但中观学还要破除对法的执著，认为涅槃解脱与缘起的世间法一样也是空的，《中观》中说"涅槃与世间，无有少分别，世间与涅槃，亦无少分别。"但这样说空，还不完善，人们在看到缘起的万法自性是空的同时，还要看到万法缘起，现象假有的一面，否则就会破坏世俗法，而不见中道。《中观·观四谛品》中说："空法坏因果，亦坏于罪福；亦复悉毁坏，一切世俗法。"只看到空不仅会坏因果律、世俗法，还会破坏佛教四圣谛理论以及三宝，使得整个佛法沦为乌有。《中观》中说："若一切法空，无生亦无灭，如是则无有，四圣谛之法"，"以无四谛故，亦无有法宝，以无法僧宝，亦无有佛宝。如是说空者，是则破三宝"。龙树说这样的人，"不能正观空，钝根则自害，如不善咒术，不善捉毒蛇"。因此二谛理论是认识佛教中道正义的极其重要的方法，不了解二谛理论就是不了解佛教缘起义，就是不了解佛教真理。对于二谛的关系，龙树在《中观》中说："若不依俗谛，不得第一义谛，不得第一义谛，则不得涅槃。"认为第一义谛是不离俗谛的，同时看到世俗法是假有，是自性空，就得到了第一义，就得到了解脱。这也就是龙树在后面说的，"因缘所生法，我说即是空，亦为是假名，亦是中道义。"即看到世间只是缘起的现象，本无自性，是空，但缘起后就是假有，同时看到空和有，就是中道。

中国的三论是属于大乘中观一系，它在开创时就已特别发挥到二谛思想。这一方面是吉藏见解深刻，另一方面也是受到成实师学说的刺激。在成实学说最流行时期的梁代，有关二谛的解释非常复杂，梁昭明太子辩证二谛义，曾答复了二十二家的问题（参见道宣《广弘明集》）。在那些二谛说中，最为重要的有三家——庄严僧旻、开善智藏、龙光道绰，他们都主张《成实论》通于大乘，正是当时的成实师的代表人物。但三论宗认为他们的说法都不正确，认为他们承认有个实体存在，这就成为"性实"的说法，这和空宗的"性空"这一根本思想相反。三论宗认为世间是因缘相待而有的分别，所以只有假名，并无实体。为此三论宗就立有于谛和教谛来阐述真俗二谛的道理。于谛就是"于"万有实相上的凡圣两种不同认识，"于"世俗人来说，本来人非空非有的世间现象就是实有，但对圣人来说，就是空。因此俗谛于凡为实，真谛于圣为实，它是由所对的对象不同而说的。所以三论宗的于谛既不是从境、理上讲的，也不是圣人为化度众生而设的"教谛"。于谛不是教谛，教谛是说真俗二谛是佛为众生说法的手段，是化度众生的工具，

是一种言教，并不是说依据客观的境而立二谛的二理。吉藏认为实相是无所得的，是不可言说的，它是不属于言教二谛的。三论宗立于、教二谛，是为了使凡人由俗谛有，而知真谛空，最后既不执著有，也不执著空，达到无所得的境界。

为了进一步说明真理只有一个，吉藏又立四重二谛说，他在《大乘玄论》中说：

> 他（师）但以有为世谛，空为真谛。今明：若有若空，皆是世谛；非空非有，始名真谛；三者，空有为二，非空有为不二，名为真谛；四者，此三种二谛皆是教门，说此三门，为令悟不三，无所依得始名为理（真谛）。①

第一重二谛是以有为世谛，空为真谛；第二重讲空，讲有，都是俗谛，非空非有才是真谛；第三重是讲前一重把（空、有）和不二（非空非有）对立起来，还有二边，是俗谛，非二非不二，才是真谛；第四重讲前三重，包括非二非不二的说法，都是一种教法，应当舍去，达

---

① 吉藏：《大乘玄论》。

到无所得境界，才是真谛。四重二谛的每一重的真谛都是对俗谛的否定，前一重的真谛就是后一重的俗谛。而否定又是连续的，即后一重真谛是对前一重二谛的否定。凡是互相矛盾、对立的概念，都同时加以否定，这是对"双遣双非"法的系统运用。

吉藏还在《中观论疏》和《大乘玄论》等书中以"二谛"和"八不"相结合来阐明中道实相，提出"五句"和"三中"。

吉藏把八不的否定分析为五个层次，以生灭为例，这五个层次是：实生实灭，不生不灭，假生假灭，假不生假不灭，非不生非不灭。第一句是单纯从俗谛上讲的，第二句是单纯从真谛上讲的。这两层都是偏见。第三层则是以俗谛为主显示中道，认为生灭都是假的，称为俗谛中道，第四句是认为生灭是假的，不生不灭也是假的，这是以真谛为主来讲中道，称为真谛中道。第五句是对真俗中道的综合和超越，认为假说生灭，即应是非生灭；假说不生灭，即是非不生灭。两者相合，即指出宇宙万象是非生灭非不生灭的。吉藏从五个层次来理解龙树的八不思想，把它发展为"五句"的否定形式，而五句的后三句俗谛中道、真谛中道和二谛合明中道，合称为"三中"，也称"三式"吉藏用五句三中的格式来发展龙

树中道思想，这是他进一步研究、阐述中道思想的成就。他用不同的方式，深入、细致的理论推演，逐步排除理性思维的作用和意义，排斥对名言的执著，把人们引向一个离言绝虑的无所得的境界。

从上面的分析可以看出老庄与般若对待语言方面，在阐述语言与道、真谛，语言与万物、万法的关系时，以及在表述道与实相时所采用的方式都有着很多相似之处，他们的这种相似说明了他们所阐述的道与实相具有一定的神秘性和超越性，也说明了他们所阐述的道与宇宙真谛有着一定的相似性，因而也就使得他们在接引学人时所采的方法有不少相似处，这主要表现在禅学后期分灯禅的老庄化上。

二谛理论是中观学派用来组织佛教学说，阐述宇宙万有的实相的基本论纲。龙树在《中观·观四谛品》中说："诸佛依二谛，为众生说法，一以世俗谛，二第一义谛；若人不能知，分别于二谛，则于深佛法，不知真实义。"青目解释说，世俗谛明虚妄法，但对于世间是实在，第一义谛明法空，但对于圣人是实在。二谛是言教形式，由于所对的对象不同，不妨都是真实的。提婆的《百论·破空品》中也说："诸佛说法常依俗谛，第一义谛，是二皆实，非妄语也。"中观学是讲缘起性空的，破一切相，破一切世间相容易，但中观学还要破除对法的执著，认为涅槃解脱与缘起的世间法一样也是空的，《中观》中说"涅般与世间，无有少分别，世间与涅般，亦无少分别"。但这样说空，还不完善，人们在看到缘起的万法自性是空的同时，还要看到万法缘起，现象假有的一面，否则就会破坏世俗法，而不见中道。《中观·观四谛品》中说："空法坏因果，亦坏于罪福；亦复悉毁坏，一切世俗法。"只看到空不仅会坏因果律，世俗法，还会破坏佛教四圣谛理论以及三宝，使得整个佛法沦为乌有。《中观》中说："若一切法空，无生亦无灭，如是则无有，四圣谛之法。""以无四谛故，亦无有法宝，以无法僧宝，亦无有佛宝。如是说空者，是则破三宝。"龙树说这样的人，"不能正观空，钝根则自害，如不善咒术，不善捉毒蛇"。因此二谛理论是认识佛教中道正义的极其重要的方法，不了解二谛理论就是不了解佛教缘起义，就是不了解佛教真理。对于二谛的关系，龙树在《中观》中说："若不依俗谛，不得第一义谛，不得第一义谛，则不得涅般。"认为第一义谛是不离俗谛的，同时看到世俗法是假有，是自性空，就得到了第一义，就得到了解脱。这也就是龙树在后面说的，"因缘所生法，我说即是空，亦为是假名，亦是中道义"。即看到世间只是缘起的现象，本

无自性，是空，但缘起后就是假有，同时看到空和有，就是中道。

中国的三论是属于大乘中观一系，它在开创时就已特别发挥到二谛思想。这一方面是吉藏见解深刻，另一方面也是受到成实师学说的刺激。在成实学说最流行时期的梁代，有关二谛的解释非常复杂，梁昭明太子辩证二谛义，曾答复了二十二家的问题（参道宣《广弘明集》）。在那些二谛说中，最为重要的有三家——庄严僧旻、开善智藏、龙光道绰，他们都主张《成实论》通于大乘，正是当时的成实师的代表人物。但三论宗认为他们的说法都不正确，认为他们承认有个实体存在，这就成为"性实"的说法，这和空宗的"性空"这一根本思想相反。三论宗认为世间是因缘相待而有的分别，所以只有假名，并无实体。为此三论宗就立有于谛和教谛来阐述真俗二谛的道理。于谛就是"于"万有实相上的凡圣两种不同认识，"于"世俗人来说，本来人非空非有的世间现象就是实有，但对圣人来说，就是空。因此俗谛于凡为实，真谛于圣为实，它是由所对的对象不同而说的。所以三论宗的于谛既不是从境、理上讲的，也不是圣人为化度众生而设的"教谛"。于谛不是教谛，教谛是说真俗二谛是佛为众生说法的手段，是化度众生的工具，是一种言教，并不是说依据客观的境而立二谛的二理。吉藏认为实相是无所得的，是不可言说的，它不属于言教二谛。三论宗立于、教二谛，是为了使凡人由俗谛有，而知真谛空，最后既不执著有，也不执著空，达到无所得的境界。

为了进一步说明真理只有一个，吉藏又立四重二谛说，他在《大乘玄论》中说："他（师）但以有为世谛，空为真谛。今明：若有若空，皆是世谛；非空非有，始名真谛；三者，空有为二，非空有为不二，名为真谛；四者，此三种二谛皆是教门，说此三门，为令悟不三，无所依得始名为理（真谛）。"第一重二谛是以有为世谛，空为真谛；第二重讲空、讲有，都是俗谛，非空非有才是真谛；第三重是讲前一重，把（空、有）和不二（非空非有）对立起来，还有二边，是俗谛，非二非不二，才是真谛；第四重讲前三重，包括非二非不二的说法，都是一种教法，应当舍去，达到无所得境界，才是真谛。四重二谛的每一重的真谛都是对俗谛的否定，前一重的真谛就是后一重的俗谛。而否定又是连续的，即后一重真谛是对前一重二谛的否定。凡是互相矛盾、对立的概念，都同时加以否定，这是对"双遣双非"法的系统运用。

（三）五句、三中和无所得

吉藏还在《中观论疏》和《大乘玄论》等书中以"二谛"和"八不"相结合来阐明中道实相，提出"五句"和"三中"。

吉藏把八不的否定分析为五个层次，以生灭为例，这五人层次是：实生实灭，不生不灭，假生假灭，假不生假不灭，非不生非不灭。第一句是单纯从俗谛上讲的，第二句是单纯从真谛上讲的。这两层都是偏见。第三层则是以俗谛为主显示中道，认为生灭都是假的，称为俗谛中道，第四句是认为生灭是假的，不生不灭也是假的，这是以真谛为主来讲中道，称为真谛中道。第五句是对真俗中道的综合和超越，认为假说生灭，即应是非生灭；假说不生灭，即是非不生灭。两者相合，即指出宇宙万象是非生灭非不生灭的。吉藏从五个层次来理解龙树的八不思想，把它发展为"五句"的否定形式，而五句的后三句俗谛中道、真谛中道和二谛合明中道，合称为"三中"，也称"三式"吉藏用五句三中的格式来发展龙树中道思想，这是他进一步研究、阐述中道思想的成就。他用不同的方式，深入、细致的理论推演，逐步排除理性思维的作用和意义，排斥对名言的执著，把人们引向一个离言绝虑的无所得的境界。

三论宗讲二谛中道，是为了去邪显正，邪就是有所得，正就是无所得，无所得就是不以分别心执著名言概念，绝言忘虑，体证实相中道。吉藏非常强调破除一切有所得的偏见，把一切归为无所得。这一点，他继承了法朗的道统。他在《胜鬘宝窟经》中说："家师朗和尚，每登高座，诲彼门人，言以不住为端，以无所得为主。"

三论宗人把一切归于无所得的方法是"破而不立"。这种方法的特点是一破到底，任何一点执著，任何一点所得都要破除。三论宗学人对外道和佛教内部的大小乘各派，凡是主张有所得的，都加以破斥，尤其是对于执著于自性和本性论的学说，都大力批判。说无所得不等于空，因为执著于空也是有所得。它只是对有所得的偏见的否定，无所得不是虚无主义，而是一种特定的证悟境界。三论宗反对破外有立，认为那样会落入邪见，这是三论学说彻底贯彻了中观学派般若无得理论，显示出了中观学派的根本特色。

（四）如来藏义

般若学在中国有一个发展过程，开始时六家七宗讲的般若学有玄学化倾向，后来罗什译出了大量的般若经

论,《中论》四卷,《十二门论》一卷,《百论》一卷,《大智度论》一百卷,及《摩诃般若波罗蜜经》、《金刚般若波罗蜜经》、《维摩诘所说经》等,他的弟子僧肇写了《般若无知论》《不真空论》《物不迁论》,并注释过《维摩经》。僧肇因能"专精",所以被认为是罗什嫡传。《高僧传》中记载,罗什说"秦人解空第一者,僧肇其人也"。因此后人讲到三论般若的传承,都是罗什与僧肇并举。他们的努力使得般若学思想在中国得到了传播和发扬。随着佛教的发展,般若学思想本身也发生了变化。佛教兴起,是反对婆罗门教梵本体的,佛教的根本思想是三法印中说的"诸法无我",是说一切世间法,都是因缘和合而生,没有一个独立、永恒的自性或实体。而印度的传统宗教,每每以为有情的五蕴身乃至世间诸法,都有一个常住的"真我",人生乃至世间万物都是这"真我"的体现,佛教反对这种传统看法,而易之以"缘起"理论,主张诸法性空,因缘而有,一切法都是假相、幻影,没有一个独立不灭的实体。大乘般若学兴起,也带有反本体论色彩,认为宇宙万法,都是因缘和合而生的,因此事物在未生之前,本无此物,既生之后,亦无此物,即使在其生后灭前这段时间内,也只不过是众缘凑合在一起的假相,本无自性,都是妄想所致,没有究竟实体。

佛教缘起论、般若学把万事万物说成是因缘而起的，是
无自性的，是空的，只有变幻不息的现象世界，什么也
没有，这就有把一切都空掉的倾向。这样人们就会问，
如果什么都是空的，那么造成生死轮回的业是由什么东
西承载的呢？由此，佛教开始讲阿赖耶识，讲真常唯心
论，讲如来藏、真如佛性。部派佛教中曾讲到补特伽罗，
这类似灵魂，后来瑜珈行派讲第八识，而后来佛教又讲
如来藏。如来藏佛性思想的出现，是与对业报轮回主体
的探索有关的。因此原始佛教、大乘般若学把印度的梵
本体论从前门赶走，现在，这个本体论又从佛教的后门
悄悄地溜进来了。对此佛教经典解释说，其实如来藏只
是引导相信有不变实体的外道们的一个方便法门（这在
《楞伽经》中有说明）①，而且如来藏有空如来藏和不空如
来藏两种，空如来藏其实是可以从般若学中合理地发展
出来的，因为一切都是空，是中道，那么这个空、中道
本身就可以作为万法背后的一个东西存在，只是它暂时

---

① 《摩诃般若经》中说："诸法性常空，性空即是涅槃，云何言涅槃一
法，非如化？佛告须菩提：如是如是，诸法平等，非声闻所作，乃
至性空即是涅槃，若新发意菩萨，闻是一切法皆毕竟性空，乃至涅
槃，亦皆如化，心则惊怖，为是新发意菩萨故，分别生灭者，如
化；不生不灭，不如化。"（《摩诃般若波罗蜜经》，方广文化事业有
限公司，1998 年，第 1177 页）

处于隐伏状态，时机一成熟，就必定显现，这样如来藏又有不空有意义，即"不空如来藏"。由于如来藏、佛性理论的发展，般若学也就不断地与它们相融合，吉藏就曾以中道说佛性，提出中道佛性，以佛性说龙树提倡的中道实相，就带有本体论色彩。中观般若学把不二中道理解为对各种确定的名相概念的否定，或者把中道理解为实相，但把中道解释为佛性，则是中观派几乎没有提到的。① 这一提法与吉藏广泛接触各类佛教经论有关，自

---

① 正统的般若学是反本体论的，认为不可能有一个本体存在，一切名相都要破除，甚至对涅槃实相的执著也要破。《中论颂》中说："涅槃与世间，无有少差别，世间与涅槃，亦无少差别。涅槃之实际，及与世间际，如是二际者，无毫厘差别。"这里涅槃与世间法就都是空的，无有实际相状的存在，这样在般若学里就没有一个本体，因而罗什的实相就阐述了这一思想，而僧肇的般若无相更是把这一观点说得很清楚，他说实相无相、无体，因而般若无知、无识。

吉藏的新三论思想与受玄学影响下的旧三论有所不同。旧三论明显受到了玄学的影响，佛教开始传入中国时，开始时依附于老庄哲学，他们用老庄思想阐述佛教般若教义，这就产生了玄学化的般若学——六家七宗。但这种般若并不能说是佛教正统的般若思想，所以当罗什传入龙树中观学之后，僧肇就用佛教正统的般若学批判了六家七宗，说他们是"偏而不即"。僧肇虽批判了六家七宗的偏颇之处，但他自己也受到了老庄思想的影响，他《肇论》中讲般若无知、物不迁时，就引用了不少庄子思想，用庄子的相对主义思想帮助他从一个侧面阐述佛教的般若学说。

而新三论则是受到中国佛教发展的影响。在僧肇用正统的般若批判了六家七宗后，佛教就摆脱了老庄思想，而走上了独立发展的道路。而此后《涅槃经》传入，佛性思想在中国广为流传，而后来如来藏思想也传入，这些思想的传入，就不断地影响　（转下页注）

南北朝以来，般若中观的正统地位已受到动摇，其他佛教经论中的思想已为人们广泛重视，如涅槃佛性思想。在《涅槃经》中说："中道之法，名为佛性。"①吉藏处于这样的历史条件下，自然就受到这种思想的影响，因而也就把如来藏佛性这一本体论思想纳入三论宗体系中来。

吉藏思想中还有如来藏思想。吉藏的三论学本来是主张性空、无所得的，但他的学说中依然有着如来藏的思想。有人认为龙树空宗是不承认有实体的事物存在的，而佛性和如来藏则被认为是实有其体的自性清净心，应属于真常唯心系，它不合于龙树中观思想，认为三论学才不应该谈如来藏。现在，我们看看吉藏是如何解说的。

如来藏，又名真如。真如是真实不空，能含清净功德，因此又称如来藏。如来藏的藏是胎藏的意思，有如矿中有金一样，具有真实的含藏，就是说众生从本以来就具有无量功德，具有如来清净法身。因此如来藏实际上也就是佛性，是众生成佛的根据。《大乘起信论》中

（接上页注①）着般若三论的发展，到了吉藏时，他在创立三论宗时就吸收了佛性和如来藏思想，这就是一种带有中国化倾向的佛教，而与罗什所传的印度正统的龙树中观学有所不同。

① 《大般涅槃经》，上海佛学书局，第二十五卷《师子吼菩萨品》，第1298 页。

说："从本以来，性自满足一切功德。所谓自体……真实
识知义故，自性清净心义故，常乐我净义故，清凉不变
自在义故……悉为如来藏故。"① 吉藏也在《胜鬘宝窟经》
中说："如来藏义故，一切颠倒及不颠倒，其义得成。言
由如来藏颠倒成者，众生失佛性，故轮回苦海"②

　　三论宗是以真如实相讲如来藏的，真如实相就是性空，
这样讲如来藏就符合三论宗的宗旨了。三论宗讲如来藏不是
认为有自性的实体存在，它讲如来藏是针对众生说的只是为
了引导一类众生发心学佛，于无名相中假立名相。因为众生
虽没有佛的功德智慧，但众生如果发心学佛，都有成佛的可
能性，这也就是佛经中说的一切众生都有佛性，一切众生都
有一个如来藏，但众生颠倒，隐覆了如来藏性，如果断尽烦
恼，则如来藏就显现，这也就是法身。

　　这样看来，三论宗在讲中道缘起，讲无所得之外，
讲如来藏，它认为这只是引导众生的善巧方便，因为众
生的根性有利钝，所以佛契机说法，因此佛法就有大小、
权实之分，不能执实废权，使众生失去度脱的机会。事
实上中观学中是不可能有一个自性实体存在的，《中观》
中讲佛教的最高目的，涅槃解脱时，也没有肯定涅槃是

----

① 《大乘起信论》。
② 吉藏：《胜鬘宝窟经》。

一个实体，而是认为它和世间法一样，是缘起无自性的。《中观》中说："涅槃与世间，无有少分别，世间与涅槃，亦无少分别。涅槃之实际，及与世间际，如是二际者，无毫厘差别。"但佛教又不坏假名有，因而就说二谛，开方便门，使众生能借假修真，就路还家。佛教在讲智慧的同时，又讲方便，这是它的一大特色。因此三论宗的如来藏义，也是从这个角度讲的。吉藏在《胜鬘宝窟·如来藏章》中说："破二乘执，自谓究竟，故说如来藏，唯如来藏无有余乘；又是为破外道，故说如来藏。"这与《楞伽经》中讲的也是一致的，经中说："大慧，我说如来藏者，为诸外道执著于我，摄取彼故，令彼外道，舍于神我妄想见心执著之处，入三解脱门，得成菩提，故说如来藏。"①

吉藏讲如来藏，还与他广泛接触各类佛教经论有关，他曾在社会动乱中，把当时的许多经籍都收集起来，共有三间屋子，所以他的学问很广，他又能以中观般若学为核心，善巧地把各家思想吸收进自己的体系，这样他也就要对自梁代以来就流传的如来藏思想加以解释、吸收和利用。

———————————

① 《楞伽经》。

　　般若与如来藏思想的结合还表现在禅宗思想的发展上，禅宗思想是以这两大系思想为基础建立起来的，它们在各个阶段各有偏重，但最后则形成了禅宗以融合般若心与如来藏性的心性理论。佛教的如来藏思想本来是被认为是不了义的，但禅宗把它和般若思想融合起来后，如来藏的思想就成为中国佛教思想的一个重要特色，这一方面是中国传统文化中有重视心性，重视天人关系的传统，不喜爱纯粹的形而上的理论，而另一方面中国佛教的这一思想也成为道家思想与佛教般若学相互影响的一个纽带。因为如果禅宗里没有一个佛性思想，那么老庄任运自然的思想也难以对禅宗思想形成大的影响。

　　般若学从印度正统的中观学发展到与佛性思想相结合，从而形成了禅宗的心性论，使得般若与佛性紧紧联系在一起而不可分割，那么在探索老庄与般若关系时，也就不可避免地要说到老庄的道论与禅宗心性论中的性，以从一个侧面来了解老庄与佛教般若思想的关系。因为禅宗的心性论，虽以佛性、如来藏作本体，但在理论思想上依然是以般若思想为基础，用般若思想来阐述的。

　　佛教思想从般若性空发展到如来藏佛性论思想是有一个过程的。原始佛教的主要思想是缘起思想，三法印

思想，即诸行无常、诸法无我、涅槃寂静。诸行无常是
说世间一切都是缘起的，是变化不息的，没有恒久的、
究竟的性质，因而人如果执著于这世间的流转法，以为
它们有一个自性存在，那就有无穷的苦恼了。而诸法无
我则是指出了一切法都是自性空，能认识到这一点也就
能达到涅槃寂静的解脱境界了。三法印多是从修行境界、
修行方法上讲的，它们是正法的三相，也是学佛的三个
过程，但如果从名相上推论，则很容易走上形而上的拟
想。印顺法师通过对原始佛教的研究，认为佛教后来学
派的分裂和演变，与他们对三法印的侧重发挥有关。他
说："侧重某一法印为理论的根据，为观察说明的出发
点，思想上就自然的分为三系。这三系，适应思想发展
的程序，从三藏教——小乘的无常中心论，达到共大乘
教——大乘的性空中心论，再进到不共大乘教——一乘
的真常中心论。每一期中，都有这三系思想，不过某一
思想是时代的主流。拿后期佛教说，有瑜伽派的无常论，
中观派的性空论，坚慧派的真常论。"① 他又说："从佛教
的发展上看，真常论是时代的骄子，瑜伽派与初期佛教
的无常论有关，中观派是第二期佛教的继续。假如推寻

① 印顺法师：《部派佛教概说》，第二节"部派思想的分化与趋势"。

这三大思潮到部派佛教，那么无常论是一般思想的主流；性空论已规模粗具，真常论也略有端倪。我们要研究部派佛教思想的发展与大乘佛教的关系，可以从唯识、性空、真常三个论题去考察。"因此我们就可以到部派佛教中去探索真常论、性空论、唯识论思想的源头，也可因此从般若性空思想到唯识思想、如来藏思想的发展过程中，揭示出它们之间的内在关系。

后期大乘佛教是以一切法空为不了义的，而认为"有异法是空，有异法不空"。般若中观则认为一切法如幻如化，涅槃也一样，在般若中观中，特别重视本性空、自性空的思想。空是本性如此，不是说没有一切法，空有是相即的，是无碍的。但在初期大乘的发展中，一般重视离情执的观照，这时就出现一个值得探讨的问题，空与寂（涅槃）是一致的吗？即涅槃、佛性也是空无所有的吗？《须天子经》中说："空寂适等，亦复无异。"而在《陀罗尼自在五菩萨品》中，却以空、无相、无愿为浅，重新解说佛教的菩提道。之所以会出现这一问题，是因为一切法如幻，一切法空的法门，不适合一般根性的人，一般初学者不能正确理解。《摩诃般若波罗蜜经》中说："若新发意菩萨，闻是一切法毕竟性空，乃至涅槃亦皆如化，心则惊怖。烛新发意菩萨故，分别生灭者如化，不生不灭者不如化。"① 这就是说一切法如幻、性空的教法是不适合一切人的。对于钝根人，对于根机不适应的人，会引起对他们的误解，因此为了引导钝根人，使他们方便入道，就说有些是空的，有些法是不空的。《摩诃般若经》中还为了初学者，对一切法性空作了一个方便的解释，但如来藏法门，就直接说真实不空的究竟法门，认为空宗是不究竟的。但如来藏学说虽说有真实不空的法性，但它还是与般若性空理论相通的，而且也只有从般若性空圆融解说中，它的思想才能成立。

真如是圆成实自性的别名，世亲在《摄大乘论释》中说：

> 自性本来清净，即是真如，自性实有，一切有情平等共相；由有是故，说一切法有如来藏。②

真如是实有自性的，本来清净的，是一切有情的平等共相，这无差别的真如是遍于一切众生的，是遍于一切法的。因此说一切法有如来藏。但佛教是反对有一个自性实有的法的存在的。自性实有的"我"的存在是印

----

① 《摩诃般若波罗蜜经》，方广文化事业有限公司，第1177页。
② 《摄大乘论释》世亲。

度教固有的思想，佛教本来是反对这种观点的，现在又讲如来藏我，这与印度教神我论有什么区别呢？《涅槃经》中对此解释说：

> 我为医王，欲伏外道……是故如来于佛法中，唱说无我。为调众生故，为知时故，说是无我。有因缘故，亦说有我……非如凡夫所计吾我。……是故说言诸法无我，实非无我，何者是我，若法是实、是真、是常、是主、是依，性不变易者，是名为我。①

这就是说为了破除外道的我，所以说无我，实际上并非无我。《大般泥洹经》中又说："如来诱进化众生故，初为众生说一切法修无我行。修无我行时，灭除我见；灭我见已，入于泥洹。除世俗我，故说非我方便密教，然后为说如来之性，是名离世真实之我。"② 这就是说过去不说有我，是因为根机不适合，等到众生成熟了，才讲说如来藏思想。如来藏我与印度教的神我思想有什么关系呢？它们是谁先产生，谁影响谁呢？《大般涅槃经》

---

① 《涅槃经》。
② 《大般泥洹经》。

中说："所有种种异论、咒术、言语文字，皆是佛说，非外道说。"这就是说印度教虽有神我思想，这是过去佛所说，不过流传人间久了，变了样，才变成了印度神教。

佛教认为印度教的种种思想追根溯源，都是来自佛教。现在佛教讲如来藏我并不是受印度教影响，而是佛教中本来就有的，佛教的这种解说是从宗教信仰的角度说的，很是巧妙。对此印顺法师作了较为客观的评述，他说：

奥义书 Upanislad 说我是常、是乐、是知，也说周遍清净，与"是实、是真、是常、是主、是依"的如来藏我，确是非常相近；特别是如来与如来藏我，梵与我的关系。佛经说：外道所说的我，是从佛法中来的，事关过去佛所说，只可以信仰，而不能从历史去证明。反之，在现实世界中，印度教先说有我，释尊否定他们，建立无我的宗教；到西元二、三世纪，佛教才宣说如来藏我，却是历史的事实。所以《大般涅槃经》的比喻与解说，只能说是信仰而已。《楞伽经》说："开引计我诸外道故，说如来藏"，佛教为了适应印度神教文化教育，为了诱化主张有我的外道们，使他们渐入佛法，所以方便

的宣说如来藏我，这也许更符合佛教方便适应的
事实。①

　　可见佛教在引导教徒时确实采用了一种方便手法，
讲一个不变的我的存在。但为了摆脱如来藏我的神我色
彩，后来的唯识学又以种性说，来巧妙地解说如来藏我。
他们以生灭相续的种子，说本有的无漏功德，以阿赖耶
妄识，说识与根身同生同灭，这样唯识学就以种性说巧
妙地解说了如来藏我，使如来藏我摆脱了神我的色彩。
但后期大乘唯识学说并没有真正摆脱印度神我论的影响。
因为能生无漏法的种性，在有情身中——六处或阴界六
处中，与如来藏是相同的。《大般若经》中说："如来法
性，在有情类蕴界处中，从无始来展转达相续，烦恼不
染，本性清净。"《入楞伽经》中说："如修多罗说：如来
藏自性清净，具三十二相，在于一切众生身中，为贪嗔
痴不实垢染，阴界入衣之所缠裹。"对于唯识与如来藏的
关系，印顺法师说：

　　　　为一切众生本有无漏种子，而无漏种子非虚妄

---

① 印顺：《如来藏之研究》。

分别识自性，多少还有如藏的形迹。也许为了这样，《瑜伽论》《摄决择分》，《摄大乘论》改取了新熏说。但新熏无漏种，是"法界等流闻熏习"，"真如所缘缘种子"，"真如种子"，与法界及真如，有了不可离的关系。在唯识学中，真如是有情、菩萨、如来的真实我体，那新熏的无漏法种，又有了依"我"而现起的意义。在后期大乘时代，唯心论而要泯绝梵我论的影响，也真还不容易。①

这就是说唯识家的真如还是有着梵我论色彩的。这样佛教理论从般若学说发展到如来藏思想，一方面是为了教化外道，适应当时的生存环境，但另一方面也就不可避免地受到了外道神我论的影响，这是印顺法师的思想。但从般若思想发展到佛性、如来藏思想，这仍是可以从佛教般若思想内在的认识论根源上合理地发展出来的，对于这一探索，在般若与佛性一节和对人的主体地位探索中有阐述。

（五）无情有性

三论宗不仅认为有情有佛性，而且提倡无情也有佛

_____

① 印顺：《如来藏之研究》。

性。而且是佛教八大宗中最早提出无情有性思想的。三论宗提倡无情有性，只是为了方便破除人生的无常之病，但众生不知佛的善巧方便，执言佛性，现相常乐。关于佛性，龙树说："欲知佛性义，当观时节因缘，时节若至，佛性现前。"吉藏也论说道："说有五种佛性，最终以不二中道为正因佛性。"中观般若学把不二中道理解为对各种确定的名相概念的否定，或者把中道理解为实相，但把出中道解释为佛性，则是中观派几乎没有提到的。这一提法与吉藏广泛接触各类佛教经论有关，自从南北朝以来，般若中观的正统地位已经动摇，其他佛教经论中的思想已为人们广泛重视，如涅槃佛性思想。在《涅盘经》第二十五卷中说："中道之法，名为佛性。"吉藏处于这样的历史条件下，自然就受到这种思想的影响，把它引入三论宗的思想体系。

吉藏在他的《大乘玄论》卷三中，详细论证了无情有性的思想。他说："或可理外有佛性，理内无佛性；或可理内有佛性，理外无佛性。"所谓理内，应是一切无生灭，与真如法性相应。理内心行，名曰内道，所以有情无情都有佛性。如果说一切有生灭，就是理外，心行理外，就是外道。理外本夫众生，所以理外不但无情无佛性，而且一切有情也没有佛性。无情佛性说，在晋时，就有道生提出一阐提有佛性的思想。而后来真谛法师在《大乘唯识论》中说："唯识无境界，以明山河草木，皆是心想；心外无别法，以明理内一切诸法，依正不二，以依正不二，故众生有佛性，一切草木亦有佛性。"这就是说，人生能成佛，因为依正不二，则一切草木也能成佛。《维摩诘经》中说："一切诸法皆如是，至于弥勒亦如是也；若弥勒得成菩提，一切众生皆亦应得。"

（六）定业可转

关于定业可不可转，这在佛教里有一个发展过程，所谓定业就是不可改变的业障，如经中说：犯四重禁五无间罪一阐提等，不可治。世亲菩萨在《十地论》中也说：一感报定，二作业定。诸佛威神所不能转矣。所以释尊双林背痛，净名病床，法华开悟目连蒙竹杖外道害，四智究竟花色比丘尼为调达害。如果说可转，那么定业与不定业又有什么区别呢？但在佛教里就是有定业可转的说法，《观普贤菩萨行法经》中说：众罪如霜露，慧日能消除。《涅盘经》中也说：一切诸业无有定性……智者转重为转，转有为无。关于这些日本的天台和三论都有讨论，现在我们来看看吉藏和三论宗人是如何看待这一问题的。

　　吉藏在《法华义疏》中说"众生业有定不定。不定可救，定不可救。"这似乎是说"定业不可转"。但日本三论宗学者珍海说："不定得灭，定业不能灭，非云定业实不灭也。"这就是说，定业不可转，但不是定业不灭。他又说："念今嘉祥义宗，一往辩之云定业不能全灭，但得轻受。若窨寻之，亦得都尽。"这就是说从三论宗缘起性空的观点看，则一切都是性空无实，因而定业也是可以灭的。吉藏在《中观论疏》卷八中接着说："诸大乘经皆明忏悔转业障义。如《涅盘师子吼》云：一切诸业无有定性，唯有愚智。愚人则以轻为重，无而成有。智转轻为重，转有令无。今明若执业决定，则是愚人。如今品观之，名为智者。普贤观云：一切业障海，皆从妄想生。若欲忏悔者，端坐念实相。众生无始以来，起六道业，深而且大，故喻之如海。非实相观，无由灭之。今此品观业即是实相，故能灭业障。"在《中观论疏》的《染染者品》中吉藏又说："遍释诸大乘经方等忏悔义。如普贤观云：十方诸佛说忏悔法。菩萨所行不断结使，不住使海。了此烦恼即是实相，无可，亦无惑可断。令此心与实相相应，于一弹指顷，能灭百万亿阿僧祇劫生死之罪，况复多时。"对此吉藏解释说："夫乖理故为罪，罪即虚妄。若与实相相应，即便符理。理是真实，以实治虚故灭众罪。"在《法华义疏》中吉藏还说了如何观实相以灭罪。他说："端坐思惟第一义甚深法空，达此六根如幻如梦从因缘生，因缘生即是寂灭相，寂灭相即是实相，实相即是法身。同时念念十方佛法身及普贤菩萨，于一弹指顷能灭百万亿阿僧祇劫生死之罪。"可见吉藏的定业可灭的理论根据仍是他所说的最高境界，万法无所得。他在《中观论疏》卷四的《六情品》中说："法华六根清净、普贤观经忏六根罪。彼经云：若有眼根恶业障不清净，当诵大乘经思念第一义。是名忏悔眼，能尽诸恶业。故知欲为真实忏悔，当依此品观六根毕竟空。"在同一卷《五阴品》中又说："世间问答尚虽依空，况求至道而存有耶。非但求道这、凡欲坐禅、礼佛忏悔，并须依无所得也。"由此吉藏在他般若无所得的理论基础上，完好地解释了定业可转不可转的问题。

（七）三论宗衰落的原因

三论宗在吉藏之后就没有人再传了，它衰落得如此之快，原因是多方面的。

首先我们可以看到三论宗思辨味道很浓厚，还未中国化，还未人学化。中国佛教在禅宗《坛经》中把本体拉到人心上时，才真正完成了中国化的过程，成为能在

中国广泛流传的佛教宗派。

虽然在中观学中《入中论》是很重要的，但在中国，一直到1942年才由法尊法师从藏文中译出，而唯识学重要的经典在唐朝时就已由玄奘法师译出了，所以中观学在中土没有唯识学流传广，这也是三论宗很早就在中国衰落的原因。

而且三论宗的流传总是与中国玄学结伴而行的，但魏晋以后中国的玄学思潮已经过去。中国哲学已日渐成熟，不断向体系化、理论化发展，而且随后而来的是中国传统儒学的兴起，哲学向人心、人性方向的发展已成为不可逆转的趋势，此时唐代盛传的佛教几大宗派就慢慢衰落了。

帝王在佛教的兴衰中也起着重大作用，三论宗的兴起与梁武帝、隋文帝等帝王的支持是分不开的，而它的衰落也就是在唐武宗灭佛之后。

第三章

三论宗与其他各宗

般若三论以传龙树大乘空宗为主旨，形成于隋朝；当时虽未曾得到进一步发展，但因它建立在大乘佛教根本思想基础上，而且龙树被称为八宗之祖，尽管三论宗很快就衰落了，但它的思想却深深地融进了后来建立起来的各大宗派中，为各家所吸收。因此我们可以在其他各家中看到它的影响，并可进一步认识般若思想作为中国佛学思想源头的意义和价值。

一　般若三论对天台宗思想的影响

隋唐以前中国佛教主要表现为学派的分歧，隋唐以后，各家都说自己是佛教道统，于是就有教派兴起，这

些教派，有创始人、传授者、信徒、教义、教规。三论、天台、华严都是在此时兴起的佛教派别。在这些派别中三论宗是最早创立的。但由于它一创立就没有再传下来，而紧接其后的天台宗又非常有影响，所以人们多认为天台宗是中国佛教宗派中第一个创立的。又因为三论宗的影响范围主要是在江南一带，而天台宗则是在统一王朝下创立的，其影响是全国性，所以有的人就认为天台宗是最先创立的。但从时间上说，三论宗是最早创立的。三论宗不仅在中国是第一个宗派，在日本也是第一个创立的宗派。

由于三论思想是大乘佛教缘起性空宗旨所在，所以它对天台宗有着重要影响。

天台宗尊奉《法华经》，但他们也认龙树为他们的第一代祖师。他们的传承是：龙树——慧文——慧思——智顗——灌顶。其传承表明了他们对龙树学理论的认可和继承。

天台二祖慧文是这样赞叹大乘般若思想的："欲以道智具足道种智，当学般若；欲以道种智具足一切智，当学般若；欲以一切种智断烦恼及习，当学般若。"[①] 灌顶

---

① 《大藏经》第49卷，《佛祖统记》卷六，第178页。

在《摩诃止观》的缘起部分说："文师用心，一依《释论》。论是龙树所说。"① 这里说天台二祖慧文是依据《大智度论》立说，用般若指导禅修的。

而天台三祖慧思，"南岳事慧文禅师"，"十年专诵，七载方等，九旬常坐，一时圆证。"可见慧思对般若学的研究也是不遗余力的。他在《誓愿文》中还说："于时发愿：我为是等及一切众生誓造金字摩诃衍般若波罗蜜一部，以净琉璃七宝作函，奉盛经卷。众宝高座，七宝帐盖，珠交露幔，华香璎珞种种供具，供养般若波罗蜜。然后我当十方六道普现无量色身，不计劫数，至成菩提，当为十方一切众生，讲说般若波罗蜜经。于是中间作法师如昙无竭，若作求法弟子如萨陀波伦。"② 慧思

---

① 《摩诃止观》。
② 《大藏经》第46卷，第787页。萨陀波伦是《般若经》中的一个以求般若智慧而有名的人物，《摩诃般若经》中说："佛告须菩提：菩萨摩诃萨，求般若波罗蜜，当应如萨陀波伦菩萨摩诃萨……萨陀波伦菩萨摩诃萨，本求般若波罗蜜时，不惜身命，不求名利，于空闲林中，闻空中声言：汝善男子，从是东行，莫念疲极，莫念睡眠，莫念饮食，莫念昼夜，莫念寒热，莫念内外。"（《摩诃般若波罗蜜经》，方广文化事业有限公司，第1179页）于是他就向东走，历尽了千辛万苦，才找到了深知般若，且生生世世教化他的昙无竭菩萨，为了供养这个菩萨，他卖身于天帝变化的婆罗门，"手执利刀，刺左臂出血，割右髀肉"。见到菩萨后，因没有水洒地，他就"自刺其身，以血洒地，令无尘土来坌大师"。（《摩诃般若波罗蜜经》，方广文化事业有限公司，第1217页）

是智者大师的老师，他对般若经如此尊崇，对智者也就会有影响。慧文以《大智度论》为依，两者理路一致，都以般若为指归，以空观为原则。所以智者大师在《观心论》中说："归命龙树师"，把天台宗的源头直接追溯到大乘佛教的祖师龙树那里了。这从天台学理上、师承上都是有他们的道理的。

天台主要思想"一心三观"、"一念三千"和"圆融三谛"都与般若学说有一定关系。

天台宗的确立，与《法华经》的"方便巧说"有关系。天台学者借助方便法门，一方面自封本宗为"一乘"，其他各派都是权宜方便；另一方面，又对其他各派学说以圆融方便为名，加以吸收和发挥，以构建自身的思想体系。天台二祖、三祖重视《大般若经》《大智度论》就是一个例子，天台教还对华严思想加以吸收。如他们在讲"一心三观"时，就吸收了华严中"心"的观念，认为"心如工画师，造种种五阴，一切世界中，莫不从心造。"① 又说"应观法界性，一切唯心造。"② 这样天台也就把华严中作为超越主客体、超越物质和精神的"心"引进来，把客体世界看成是"心"的虚妄分别的产

---

① 《摩诃止观》卷五上。
② 《华严经》。

物，是主体在意识活动中幻化出来的世界，没有实在的意义。而"观"也就成了主体意识的自我观念。

天台学把心作为本体引进自己的思想，同时也对中观学中的思想加以吸收。慧文根据《大智度论》中的"一心中得一切智，一切种智，断烦恼"，"一切智一心中得"，"虽一心中得，亦有初、中、后次第"，以"道智具足一切智，以一切智具足一切种智，以一切种智断烦恼习。"① 慧文看到三种智慧可由一心中得到，又联系《中论》中的"三是偈"，以三谛配三智，从而创立了"一心三观"。《佛祖统记》中说："师又因读《中论》，至'四谛品'偈云：众因缘生法，我说即是空，亦为是假名，亦名中道义。恍然大悟。"② 三谛之中，真谛讲一切现象的通相，俗谛讲别相，中道谛讲一切现象的通相与别相的统一，这正好相当于三种智慧的境界③，所以"一心三智"就演变成"一心三观"了。从天台学的"一心三观"与中论中思想的关系，可以看出它与龙树中观学的渊源了。

天台宗的创始人智顗对"一心三观"又有更为明确

---

① 《大智度论》卷二十七。

② 《佛祖统记》。

③ 《大智度论》卷二七中说：一切智是声闻、辟支佛，道智是菩萨事，一切种智是佛事。

的阐述。他把"三观"分为"一心三观"和"次第三观"两类，我们从他对"三观"的分析中可以更加具体、深入地了解到天台与般若三论之间的关系。

智者大师所说的"一心三观"是指不经次第而于一心中刹那间同时观察空、假、中三谛，他在《摩诃止观》卷五中说："一空一切空，无假中而不空，总观空也；一假一切假，无空中而不假，总假观也；一中一切中，无空假而不中，总中观也。即《中论》所说不可思议一心三观。"①

智颛说"一心三观"是"不可思议"的，是"圆教利根菩萨之所修习。"② 但为了引导钝根人，智颛又开方便门，讲"次第三观"，即"观心先空，次假，后中，次第观心也。"③ 他在《摩诃止观》卷二中说："今对镜明观，亦为二意：一，次第三观；二，一心三观。次第者，如《璎珞》云：从假入空名二谛观；从宛入假名平等观。二观为方便，得入中道第一义谛。此之三观，即《大品》所谓三智。"④ 这样智颛用三智、三观、三谛这几个概念分别代表认识主体、认识活动、认识对象，他说："所照

① 《大藏经》第 46 卷，第 55 页。
② 《大藏经》第 38 卷《维摩经玄疏》卷二。
③ 《法华文句》卷一上。
④ 《摩诃止观》卷二。

为三谛，所发为三观，观成为三智。"① 智顗从认识论的角度对实相认识的活动作了次第分析，这说明他在哲学思辨上高于他的老师慧文。

智者大师的"从假入空"是指客观世界是虚妄不实的，无有自性，所以是空。从三谛角度看，它又可称为空观，它所得到的智慧是"一切智"，它是声闻、缘觉所能理解的。

"从空入假"观，又名平等观。智者大师解释了为什么要在"从假入空"观后，又要"从空入假"。他说"从假入空"后，如同"盲初得眼开，见空见色，虽见于色，不能分别种卉木、根茎枝叶、药毒种类。从假入空，随智之时，亦见二谛，而不能用假。"② 这是说，"从假入空"虽见到色是空，空是色，但不能分别色相。而为了渡化众生，就要"从空入假"，这就好像"若人眼开后，能见空见色，即识种类，洞解因缘，粗细药食，皆识皆用，利益于他。"③

从空入假观又名假观，它所得到的智慧是"道种智"。《摩诃止观》卷三中说："当知此观，为化众生。知

---

① 《摩诃止观》卷五上。
② 《摩诃止观》卷五上。
③ 《摩诃止观》卷五上。

真非真，方便出假，故言从空；分别药病，而无差谬，故言入假。"又说"此观正为观俗谛，破尘沙无知。"①

中道第一义观，又名中观。中观是建立在前二观的，是对二谛的同时观照，因而是最圆满、最究竟的。《摩诃止观》卷三中说："初观用空，后观用假，是为双存方便，入中道时，能双照二谛……二观为方便，得入第二观，则见佛性。"② 中观所得到提一切种智，是佛的智慧。

次第三观虽有次第分别，事实上前二观只是方便，是不窘的，只是为了修行和理解方便才说的，事实上一心三观是不可思议的，次第三观只是权宜的解释，最终仍要归到中观上来。

这样天台学就把龙树所阐述的空观和假观发展为空、假、中三种观，使般若观照的理论在立体层次上得到了发展。

二　般若三论对禅宗思想的影响

三论宗虽然在唐朝吉藏后就失传，但它的般若思想却为后来的佛教各家所吸收，深深地体现在各家思想中，

---

① 《摩诃止观》卷三。
② 《摩诃止观》卷三。

这在禅宗里有着深刻表现。禅宗对于自己与般若中观思想的关系也是肯定的。它们把龙树、提婆作为自己的祖宗，这就是一个大的肯定。在《五灯会元》中龙树和提婆分别被称为禅宗第十四祖和第十五祖，书中还活灵活现地描写了龙树和提婆的种种神通。说龙树"现自在身，如满月轮。一切众唯闻法音，不见祖相"[1]。提婆对此解释说："此是尊者现佛性体相，以示我等。何以知之？盖以无相三昧，形如满月。佛性之义，廓然虚明。"[2] 接下来又说龙树"付法讫，入月轮三昧，广现神变，复就本座，凝然禅寂。"[3] 这里是说龙树明无相，善禅定，有神通。说提婆则说他乐辩论，并在辩论中以"当有我故，所以不得。我无我故，故自当得。"[4] 这句话充分地体现了中观无所得的思想。提婆临终时则说他"入奋迅定，身放八光，而归寂灭"[5]。这与通常记载中说提婆是为外道婆罗门所杀害是大不相同的。

我们还可以从禅宗祖宗传心偈句中看到，贯穿在禅宗思想中的正是佛教的缘起性空思想、般若思想。释迦

---

[1]　（宋）普济：《五灯会元》，中华书局，1984年，第22页。
[2]　（宋）普济：《五灯会元》，中华书局，1984年，第22页。
[3]　（宋）普济：《五灯会元》，中华书局，1984年，第23页。
[4]　（宋）普济：《五灯会元》，中华书局，1984年，第24页。
[5]　（宋）普济：《五灯会元》，中华书局，1984年，第24页。

佛前面的六位佛的偈语多是关于罪福的，说罪福是相对而存在的，是空无自性的。其中拘留孙佛的偈语带有浓厚的中观般若思想，偈语中说："见身无实是佛身，了心如幻是佛幻，了得身心本性空，斯人与佛何殊别。"[1] 西天二十八祖的偈语中则多是说真与假关系，说真如实相是了无所得的。十九祖鸠摩罗多说："性上本无生，为对求人说。于法既无得，何怀决不决。"[2] 这里就指出万法都是无生无灭的，是不可得的，这就是对名相概念的彻底否定，这与中观思想是颇相通的。而中土六祖则多从缘起的角度讲，通过对种种因缘的否定，从而达到对不生亦不灭的真理的认识。二祖慧可说："本来缘有地，因地种华生。本来无有种，华亦不曾生。"[3] 这与中观从缘起上讲无生是很相似的。

禅宗的祖宗们传心法时的偈语中不仅有着深刻的般若思想，他们在平时也很重视般若思想。《五灯会元》记载中土四祖道信"生而超异，幼慕空宗诸解脱门，宛如宿习。"说他"隋大业十三载领徒众抵吉州，值群盗围城，七旬不解，万惶怖。祖愍之，教令念《摩诃般若》。

---

① （宋）普济：《五灯会元》，中华书局，1984年，第2页。
② （宋）普济：《五灯会元》，中华书局，1984年，第28页。
③ （宋）普济：《五灯会元》，中华书局，1984年，第47页。

时贼众望雉堞间若有神兵，乃相谓曰：'城内必有异人，不可攻矣。'"① 悄悄引去。这个故事中的神奇色彩我们不去说它，但这个故事中却说出了道信是非常重视般若学的。而在道信遇五祖时的一段对话更是充满了中观的味道。《五灯会元》中记载说："祖问曰：'子何姓？'答曰：'姓即有，不是常姓。'祖曰：'是何姓？'答曰：'是佛性。'祖曰：'当无姓邪？'答曰：'性空，故无。'祖默识其法器。"② 在这里道信用中观中的"性空"的思想来衡量一个人对佛法的认识，正说明了中观般若思想在佛法中的深刻影响。

而禅宗六祖慧能大师所以出家及得法都与《金刚经》有关。《坛经》第一品是《自序品》，而第二品是《般若品》，可见慧能禅学开宗明义就是讲般若的。他在这一品中还说："我此法门，从一般若，生八万四千智慧。"③ 又说："但净本心，使六识出六门，于六尘中无染无杂，来去自由，通用无滞，即是般若三昧，处在解脱。"④ 这里就把般若看做是成就智慧，得到解脱的根本了。

---

① （宋）普济：《五灯会元》，中华书局，1984 年，第 50 页。
② （宋）普济：《五灯会元》，中华书局，1984 年，第 50 页。
③ 《六祖大师法宝坛经》，曹溪原本，金陵刻经处，第 11 页。
④ 《六祖大师法宝坛经》，曹溪原本，金陵刻经处，第 13 页。

慧能禅学以"无住为本",无住其实就是佛陀讲的不执著,因为一切法都是缘起无自性的,是第七识执著出来的产物,是如梦幻泡影的,当下就是空的,所以不可执著,不能住于这虚妄法上,不可滞留于这里,否则就是迷惑颠倒。所以慧能讲"去来自由,心体无滞,即是般若。"这样他就把般若解释为不住于流转法上的智慧,他又进一步解释说:"无住者,人之本性。于世间善恶好丑,乃至冤之与亲,言语触刺欺争之时,并将为空,不思酬害。"① 慧能把般若无住和空联起来讲,这是他对般若学的发挥和理解,也是他对佛教基本精神的深刻把握。我们可以从他对空的解释中看出他对空的解说,与龙树是极其相像的。他说:"心量广大,犹如虚空,无有边际……无善无恶,无头无尾,诸佛刹土,尽同虚空,世人妙性本空,无有一法可得,自性真空,亦复如是。"这里就说诸佛国土,人的自性等一切法都如同虚空,无有一法可得。而这虚空又能包容含藏一切法。经中说"世界虚空能含万物色像,日月星宿,山河大地……一切大海,须弥诸山,总在空中。世人性空,亦复如是。善知识,自性能含万法是大,万法在诸人性中。"而且慧能还

---

① 《六祖大师法宝坛经》,《第四品》,曹溪原本,金陵刻经处,第20页。

强调不能著空，以为空是一个本体。他在《坛经》《般若品》中说："善知识，莫闻我说空，便即著空，第一莫著，穷苦中空心静坐，即著无记空。"[①]

龙树在《中论·观四谛品》中说："未曾有一法，不从因缘生，是故一切法，无不是空者。"这与慧能说的"诸佛刹土，尽同虚空"是一样的。在《观四谛品》中龙树又说："以有空义故，一切法得成，若无空义者，一切则不成。"这就是说空是万法得以成立的基础，因此也可以说万法都包含在虚空之中，这与慧能说的"虚空能含万物色像"也是同一个道理。在《中观》观行品中，龙树也说不要著空，"大圣说空法，为离诸见故，若复见有空，诸佛所不化。"而提婆更是说自己也是空，不立一法，空亦不可得。由此可见龙树与慧能在空的见解上是有很多相似之处的。

中观般若对禅宗的影响还在后来的分灯禅中有所体现。马祖曾讲过，在禅宗内部，"凡有言句，皆提婆宗"。这就是说禅宗主张不立文学、语言，但假如要说什么的话，都要用提婆宗去理会。可见提婆破而不立的方法，对中国禅宗还是有影响的。

---

① 《六祖大师法宝坛经》，曹溪原本，金陵刻经处，《般若品》。

三 般若三论与华严宗思想

华严宗是中国佛教的重要派别，它以《华严经》为理论依据，《华严经》虽有自身的理论体系，它里面也有不少般若思想。如《华严经》主张修"十波罗蜜"，就是在大乘六度之外又加了四度：方便、愿、力、智，而四度就是从般若学中新开出来的。

《般若经》中关于"空""方便""中道"等思想，在《华严经》中都有涉及。在早期的华严类经《渐备一切智德经》卷二中说："观诸万物，一切无常，苦空不净……察此一切，犹如幻化。"① 在卷四中又说："晓诸所有，如幻如化，如梦、影、响、野马、水中之月。"② 这里就谈到了般若学中的空观。这种空，不是绝对的虚无，什么东西都没有，而是指事物本无自性，是无常的，只是如同影子一般，不是真实存在的，不能执著幻象。

《般若经》说空多是从人的主观认识方面来说的，认为事物只是人的主观认识，是人的意识执著出来的

---

① 《大正藏》第 10 卷，第 468 页。
② 《大正藏》第 10 卷，第 468 页。

幻象，因此，现实存在的事物在般若学者那里只是一种概念、名相，是一种假名有，是一种戏论。般若学所要做的就是扫除这些名相、概念，让事物的真实面目显现出来。然而事物的真实面目又要借助于假名有来显现，假名有与实相是不二的，空即是有，有即是空，为了度众生，就借假名显现实相，这就是般若学中的"方便"。华严学中也有这样的思想，他们认为"三界唯心"，六十卷《华严经》卷二十五中说："三界虚妄，但是心作……十二缘分，是皆依心。"① 在华严学中，一切万法也被认为是心所造的，事物本身是不存在的，只是人的主观认识的产物，只是人的分别心的作用而已。

华严学在不少方面吸收了般若思想，但它也有自己的特点。它在接受般若学性空思想时，更注意吸收般若方便思想，以方便思想为中心，描述它所设想的无穷无尽的诸佛菩萨和庄严佛土，主张通过逐步的修行来度脱苦难的众生。

《华严经》中的这些般若思想，在华严学者建立华严思想体系时，得到了重视和运用。华严宗初祖杜顺在他

---

① 《大正藏》第 9 卷，第 558 页。

的《华严五教止观》中，谈到五门时就大量地论述了空
和无分别的思想；华严二祖智俨也著有《佛说金刚般若
波罗蜜经略疏》；华严三祖，即华严宗的实际创始人法藏
也有般若学方面的论著。《宋高僧传》中说："华严一宗
付授澄观，推藏为第三祖也。著《般若心经疏》，为时所
贵，天下流行。"① 史传中还载他写有《十二门论宗致义
记》。法藏有一部重要的著作《华严金师子章》，在这篇
著作中，我们可以看到法藏的华严思想中对般若思想的
吸收和运用。

《金师子章》第一章讲述佛教的缘起思想，说"金无
自性，随工巧匠缘，遂有师子相起。起但是缘，故名缘
起"②。在这里法藏用佛教的基本思想——缘起论来阐述
性空与假有的关系。在《华严经义海百门》中法藏又引
用经文说："诸法从缘起，无缘即不起。"③ 以阐明他所认
识的缘起思想。

《金师子章》第二章是"辩色空"，法藏说"师子
相虚，唯是真金。师子不有，金体不无，故名色空。又

① 《宋高僧传》赞宁撰，中华书局，1987 年，第 90 页。
② 《中国佛教思想资料选编》第二卷第二册，中华书局，1983 年，第
200 页。
③ 《中国佛教思想资料选编》第二卷第二册，中华书局，1983 年，第
108 页。

复空无自相，约色以明，不碍幻有，名为色空。"① 这里
是进一步讲空与有的关系。而法藏的这种讲法与般若学
大师僧肇的讲法有很多相同之处。法藏说师子相是由于
工匠缘起的，是"虚"的，是"不有"的，但是作为缘
起师子的材料金是客观存在的，所以法藏只说"师子相
虚"，说"师子不有"，并没有说一切都是空的，即他破
斥的只是因缘而起的法相，反对人执著于缘起的法相而
已，所以他说色相是空，而万物的体性不空。华严学虽
也讲缘起，但它讲的是性起，即万法是称性而起的，华
严学中的这种思想就有本体论色彩，有着如来藏思想的
痕迹，这是与般若学思想不同的地方。但它的这种思想
也可从般若中找到思想基础，般若学讲万法皆空，皆
无自性，在本质上都是一样的，这对华严学讲万法都
是相即相入未必就没有影响。法藏在这一段中还进一
步解释佛教的体用是不二的，是互不妨碍的。他说空
要借助于假名有而显现，所以空不会妨碍这种假名有，
由此也可见假名有当下就是空的，所以法藏说"色
空"。他的这种观点与僧肇的般若思想很相似。僧肇说
万法是缘起的，是无自性的，是空，但空不是无所有，

---

① 《中国佛教思想资料选编》第二卷第二册，中华书局，1983 年，第
200 页。

他打比喻说，竹子的影子不是真的竹子，是假有，因为不是真的，所以是空。这个空只是否定了缘起世界的真实性、究竟性，并没有否定世界的假名存在，即竹子的影子是假，但作为影子还是存在的。人能同时看到事物的无自性的一面，又能看到事物的假名有的一面，才是对佛教般若性空思想的正确认识。由此可见法藏在《金师子章》第二章"辩色空"中所阐述的思想与中土般若学祖师僧肇的不真空论思想是极为一致的。

《金师子章》第三章是"约三性"，法藏说"师子情有，名为遍计；师子似有，名曰依他；金性不变，故号圆成。"① 这里他把般若学性空假有问题与瑜珈行派的"三性"理论联系起来了，他以瑜珈行派的思想进一步解说佛教中的假有与性空的关系。"师子情有"，是指事物的"无"，即由于人的主观作用而把不实的相状执著为有，而"师子似有"，是指事物的假有，即依他所计的也是空的，但它不是绝对的虚无，而有现实的存在，只有到了圆成实才可以说是真的。瑜珈行派的三性说也是与般若思想相融通的，瑜珈行派大师无著说，三性说

① 《中国佛教思想资料选编》第二卷第二册，中华书局，1983年，第200页。

是来自般若经，他认为《般若经》讲的空，不是泛泛而谈，而是指一切法的遍计执；讲的如幻如化，是指依他起，有而不实；讲的法性本净，是指圆成实。因此三性学说是对龙树二谛理论的发挥，也是《般若经》道理的必然归宿。因此我们从法藏讲情有，讲似有，讲不变中依然可以看出般若思想的痕迹。

《金师子章》第四章是"显无相"。法藏说："以金收师子尽，金外更无师子相可得，故名无相。"[1] 这里讲的是佛教中的无相思想。而在《华严经义海百门》中法藏对无相也有解释，他说万法是"自心变起，假立无实。今取不得，则知尘相虚无，从心所生，了无自性，名为无相"[2]。这里就说法是从心想分别而生的，只是名相，所以是没有自性的，是空的，是没有形相的。法藏讲无相、无生，似乎多从中观学的二谛思想来阐述的。说金收师子尽，则师子相就没有了，也就是说，俗谛只是为了引导众生方便才说，本来是没有的，世界本来就是一真法界，无生无灭，清净无为的，只有一个第一义谛存在，是没有形相的。又见师子生时，只见金生，金外更

---

[1] 《中国佛教思想资料选编》第二卷第二册，中华书局，1983年，第200页。

[2] 《中国佛教思想资料选编》第二卷第二册，中华书局，1983年，第109页。

无一物。这是说世界只有第一义，更没有其他东西，俗谛只是方便示现，是引导习惯于分别执著的众生的，使他们知道"师子虽有生灭，金体本无增减"，从而彻底从生灭的虚妄世界中解脱出来。法藏的无相思想与龙树的般若思想是相近的，龙树中观学主要就是破除一切名相的，这也是《金刚般若波罗蜜经》中所讲的：凡所有相，皆是虚妄。龙树在《中论》第一品就讲"不生亦不灭，不常亦不断，不一亦不异，不来亦不出。"[1] 就是要破除这八种常见的相。破除了这八种相，也就破除了一切相了。

《金师子章》第五章是"说无生"，文章中说："正见师子生时，但是金生，金外更无一物。师子虽有生灭，金体本无增减，故曰无生。"[2] 而在《华严经义海百门》中法藏又从缘起的角度对无生做了解释。他说"因缘和合，幻相方生。由从缘生，必无自性。……由相待故，则无定属缘生，以无定属缘生，则名无生。"[3] 对此他有更概括的解释，说"今由缘生，方得名生，了生无

---

① 龙树：《中论颂》，金陵刻经处，第 1 页。
② 《中国佛教思想资料选编》第二卷第二册，中华书局，1983 年，第 200 页。
③ 《中国佛教思想资料选编》第二卷第二册，中华书局，1983 年，第 108 页。

性，乃是无生"①。这里就是从缘起的角度说万物无自性，因为无自性，所以从根本上说就没有生灭，是不生不灭的。这可以说是以正宗的中观缘起思想在解说无生了。

华严宗第六章是"论五教"，即法藏的判教思想，法藏把佛教思想按其对空有认识的层次进行划分。他说："一师子虽是因缘之法，念念生灭，实无有师子相可得，名愚法声闻教。二即此缘生之法，各无自性，彻底唯空，名大乘始教。三虽复彻底唯空不碍，幻有宛然，缘生假有，二相双亡，名大乘终教。四即此二相，互夺双亡，情伪不存，俱无有力。空有双泯，名言路绝，栖心无寄，名大乘顿教。五即此情尽体露之法，混成一块。繁兴大用，起必全真。万象纷然，参而不杂。一切即一，皆同无性，一即一切，因果历然；力用相收，卷舒自在，名一乘圆教。"② 华严学的判教层次在理论上与吉藏的四重二谛学说有着相通的地方。大乘始教认为缘生之法，各无自性，彻底唯空，这也就是吉藏说的是第一重二谛，即以有为世谛，空为真谛。大乘终教

---

① 《中国佛教思想资料选编》第二卷第二册，中华书局，1983 年，第 109 页。
② 《中国佛教思想资料选编》第二卷第二册，石峻主编，中华书局，1983 年，第 200 页。

则认为万法虽空，但不碍幻有宛然，空有二相双亡，这也就是吉藏说的第二重二谛，即认为空和有都是俗谛，非空非有才是真谛。而大乘顿教则认为空有双泯，名言路绝，栖心无寄，才是究竟。这也就是吉藏说的第三二谛，即非空非有还是有对立，要达到对有关空有对立的全部否定，否定一切名言概念，非二（空和有）非不二（非空非有），栖心无寄，才是真的。而一乘圆教则认为一切法都是真如自性的显现，真如自性显现为一切法，空不坏有，有不碍空，有即是空，空即是有，一切都是无自性的，因而是一，但又"万象纷然，参而不杂"。因为缘起法是重重无尽的，一也就是一切，因此"繁兴大用，起必全真"。这也就是吉藏第四重二谛中讲的不执一法，都无所得的境界。这样华严学就从佛教根本思想般若思想出发，结合华严经的自身特点，发展出了这样一种即体即用，力用相收，卷舒自在的圆融思想体系。

从上面《金师子章》的六段内容，可以看出华严宗在空、有问题上与般若学的思想是一致的，只是他们的表达方式和运用的方法上有一些差异而已。而这种表述上的差异，也正说明了这两种学说的一些差别。中观般若学多用破的方法，破除一切相，不留一法，不立一法，这是一种彻底的空观。而华严学则讲金体不变，在破除名相上就比般若学温和得多，它的许多理论都强调世间万法都是真如本体的显现，它主要强调通过逐步提高修行来度脱苦难众生。而且华严学是中国的佛学思想，它在吸收《华严经》思想的时候，还对以前的佛学成果加以吸收，如有宗的思想、涅槃思想，这样他们建立了一个更加圆融的思想体系。

华严宗在佛教史上以其完善的哲学体系和深刻的哲学思想著称，它一方面信奉《华严经》的理论思想，另一方面又吸收般若学的思辨方法和其他各派的思想，发展了自己的理论体系，从而使得它对宇宙现象及其关系的分析，达到了很高的理论思维水平。它的理论在中国思想史上产生了一定影响，就是现在它的理论成就仍受到人们的重视和研究。

四　般若三论与唯识宗思想

法相宗以印度瑜珈行派学说为理论根据，瑜珈行派与般若学的关系在前面已多讲述。现在谈法相宗与般若学，就对法相宗的代表人物玄奘（602～664）和窥基与般若学的关系作一番探索。

玄奘在去印度前就曾学习过众家学说，《续高僧传》

中说他："年十一诵维摩、法华。"可见，玄奘年少时就曾学习过大乘佛教般若经典。在去印度前，他几乎学习了中国佛教的所有内容；开始时在洛阳向净土寺景法师学涅槃，并听严法师讲《摄大乘论》；后在去四川的途中，向空法师学毗昙，向摄论大家慧景法师学摄论；到成都后，又向道基学毗昙，向宝暹学摄论，向道振学迦延。玄奘在国内向当时十三个佛学名家学习，对俱舍、摄论、成实、毗昙都有造诣，不是一经一论之专家，但他偏重于法相学。然而他对般若学也是熟知的，在年少时学过，后来在西行经过凉州时，还讲说过般若学。

玄奘在西行的路上还学习过中观派的重要典籍。《续高僧传》中说："行至大林，遇劫贼。才获命全，入村求乞，乃达东境。大林有婆罗门，年七百岁，貌如三十，明中、百论及外道书，云是龙猛弟子，乃停一月学之。"

玄奘去印度主要是学习瑜珈行派思想，但他对佛教其他学派思想也很熟悉，这就使他能在学习时融会贯通各种学说。《续高僧传》中说："初那烂陀寺大德师子光等立中、百论宗，破瑜珈等义。奘曰：圣人作论，终不相违，但学者有向背耳。因造《会宗论》三千颂，以呈戒贤诸师，咸称善。"《会宗论》没有流传下来，但它一定会说到中观与瑜珈的一致之处，同时也会论述到各大乘学之间的汇通之处的。①

---

① 玄奘法师曾作一颂，以调和佛教在主观心理和客观现象关系上的不同见解。有人认为这一颂可能就是《会宗论》中思想。关于心理和现象的关系问题，佛教内部有各种看法，龙树的《大智度论》卷六中，记载了这方面的争论。以梦为例，一人说梦是有根据的，所谓"日有所思，夜有所梦。"另一个人说，梦是心理作用，是不实在的，因为梦中见人有角。前一个人解释说，人白天见到人的头和牛的角，所以晚上才梦见人的角。另一个人反驳道，梦中生角的人头是妄见，因为世界上没有头上有角的人。而这种辨认论在大乘佛教中期，就表现瑜珈行派在相分和见分关系上的争论。有的认为"见相同种生"，他们从"三界唯心，万法唯识"出发，认为现象是完全依于心理的。有的认为"见相别生"，因为经上记载说"诸法于识藏，识于法亦尔，更互为因性，亦常为果性"。认为有时现象依于心理，有时心理依于现象。而又有人折中说"见相二分随其所应，种或同异"。对此，玄奘作了一颂以解释佛教内部在现象与心理关系上的分歧。他说"性境不随心，独影唯从见，带质通情本，性种等随应。"

性境就是客观存在的东西，客观存在的花草树木，是从自己实在的种子所生，不随从人的主观心理，窥基法师称它为"真色"。又真如是诸法的实性，不是我们创造出来的，而且我们的心理也是客观存在的，并且可以理解所以称为"实心"，真如、真色、实心都是性境，也称为"本质相分"。这些本质相分不随我们的心理有善染不同而改变它的本性，也不随我们一起受业力所感召的果报，所以说"性境不随心"。

"本质相分"之外，还有"影像相分"，也是"性境"。《〈成唯识论〉了义灯》卷二说："前五转识俱第六识，现量缘诸实色时，得境自相，即此相分亦是性境，相从质故。"这就是说，眼、耳等五种转识缘色、声等外境时，必有第六意识在一起，这六种识接触到了本质相分的实色，虽然会发生一种影像，但它和实色的本质一模一样，是"得境自相"的，因而也是"不随心"的。

"独影境"分为两种：一是无质独影，就是不与前五意识同时俱起的意识（独头意识），如意想龟毛、兔角，它们　　（转下页注）

　　玄奘回国后广译经论，译了大量瑜珈行派经论。但他在六十多岁高龄时，还译出六百卷的《大般若经》，并说："此经与汉地有缘，玄奘来此玉华者，经之力也……此乃镇国之典，人天大宝……至十一月二十日，令弟子窥基奉表奏闻，请御制经序。"① 玄奘晚年对般若经的重视，对般若学的弘扬，表明了他对般若学地位的积极肯定，说明了他对般若与瑜珈之间的关联和相通之处有了更为深刻的认识。

　　（接上页注①）只是心理上的一种相状，是根本没有的东西。所以说是无质。一是有质独影，如人听说虚空的名字后，心理上变现出一种虚空的相状。虚空虽有而无可捉摸，心理上变现的相状当然与虚空本身不发生任何关系，所以叫有质独影。《宗镜录》卷六十八中说："虽有本质而相分不能熏持质种，望质无能，但有假影。"无质独影与有质独影都是意识变现的相状，都是心理现象，所以说"独影唯从见"。

　　"带质境"是介于性境与独境之间的一种相状，我们根据客观事物所形成的许多概念，多是属于"带质境"。"情"是指能缘心，"本"就是指"本质相分"。《了义灯》卷二中说："能缘心缘所缘境，有所仗质而不得自性，此之相分，判性不定，或从能缘心，或从所缘境……"能缘心缘所缘境为何"不得自性"呢？《成唯识论学记》中说："非现证境，推求力生，故从见种。"

　　"性种等随应"，就是说相分与见分的性种是同是异，要根据具体情况具体分析。玄奘法师的这一颂解决了佛教内部关于心理与现象关系问题上的分歧，他的和会、贯通佛教内部各种学说的倾向是很明显的。因为《会宗论》虽说主要是和会性、相两宗的争论，但它也很可能会对当时佛教内部的其他分歧进行调解，玄奘法师的上面这一颂很可能就是《会宗论》的一个方面。

① 《大唐大慈恩寺三藏法师传》。

　　法相宗的窥基除了学习瑜珈行派的经典外，他对般若学也颇重视，他著有《大般若波罗蜜多经般若理趣分述赞》（三卷）、《金刚般若经赞述》（二卷）、《般若波罗蜜多心经幽赞》（二卷）等数部阐述般若经典义理的著作。玄奘的另一弟子圆测（613～696 新罗国王之孙）也著有《佛说般若波罗蜜多心经赞》（一卷）。他们从法相宗的立场出发，对般若类的经典作了义理上的疏通和弘传。

第四章

三论思想与人间佛教

　　佛教的发展要求它能妥善地解决出世与入世、来世与现生的关系问题，亦即个人的解脱与社会发展问题。这个问题在佛陀时代被佛陀解决了。以后随着佛教的不断发展，这一问题就尖锐起来，原始佛教的分解、部派佛教的形成就与此有关，而大乘佛教的兴起，也就是对出世与入世，生死解脱与社会效果这些矛盾进行调解的产物。在中国，佛教作为儒家思想的补充，其特点是偏重于形而上和出世。它传入中国后，曾多次受到中国本土文化的攻击，被视为异端邪说，儒道两家一直有使之退回天竺而后快的愿望，但佛教由于它丰富的内涵和强大的生命力，它一方面依附黄老方术，依附玄学；另一方面又积极吸收儒家伦理思想，如把五戒与五常相附会等，终于日渐中国化，到了慧能提出了即心即佛的禅宗思想时，已有天台、华严、法相等大宗，这样中国佛教的思想体系日渐完备，终于在佛教传入中国的几百年后，使佛教的出世与入世问题得到了妥善解决，使佛教的出世与儒家的入世矛盾得到调和。但到了近代，西方文化与宗教传入，科技发展日新月异，社会发展起了巨大变化，佛教的生存、发展又受到了世界文化的挑战，佛教先天的过于偏重"出世"，入世的功能不足。又给它提出了老一套问题，即如何解决出世与入世，于是就有人间佛教的提出。其实在清末，许多高明的知识分子，就开始从大乘佛教取出合理的内容，建立能与西方思想文化相抗衡的思想体系。如章太炎为了革命，吸收佛教唯识思想；康有为把佛教视为他大同世界的最高理想。而佛教界内部，一些关注现实人生、要求顺应时代机宜的人就更是提倡佛教的入世精神。著名的《海潮音》月刊（《法音》杂志的前生）在 1934 年还出了"人间佛教"专号，抗战期间，浙江缙云县出过小型的《人间佛教》月刊。当时在佛教内部思想较成体系，影响较大的是太虚大师（1889～1947），他在抗战时，编了一本专著《人生佛教》，提出实践"人生佛教"的主张。他的这一主张是试图解决佛教内部入世与出世的矛盾的，为人间

佛教的思想形成做出了开创性的贡献。近半个世纪来，"人生佛教"在东南亚开花，结果。提倡并实践人间佛教的高僧大德很多，著名的有星云大师、证严法师等。其中理论建树高，最具有代表性，影响最大的是印顺法师。他作为太虚大师的高足，继承和发展了"人生佛教"的思想。他写了一系列著作，如《人间佛教绪言》《从依机设教来说明人间佛教》《人性》《人间佛教要略》等。他所提倡的人间佛教，是指一种以人生为本、以人为中心的佛教，用以区别那些以死或鬼为中心的佛教以及天化、神化、巫化的佛教。它肯定了人的自觉意识，重视现实人生，要求用佛法来指导人类面临的世间、出世间问题，充分发扬佛教义理和无我济世的菩萨精神，通过自心的净化达到器世间（环境）的净化及有情世间（大众）的净化，从而实现人间净土。因此他们在研究了佛教的地域性、时代性、社会性即人间性后，建立了这样一种开放的具有极大涵容性的思想体系。

在大陆，由于中国佛教协会会长赵朴初居士的倡导，人间佛教与社会主义社会有机地结合起来，而且他还发扬了中国佛教的三大优良传统：农禅并重，注重学术研究，国际友好交流。使得这些思想成为佛教的一个重要组成部分，从而在更大的范围内实践并丰富了"人间佛教"的思想。

在近代，人间佛教经过了众多高僧大德、大士的努力、营建，终于以卓然独立的姿态挺立在世人面前。下面就从人间佛教的基本思想观念中，探索一下它与龙树大乘佛教思想的关系，以及中观般若思想对它的影响。从印顺法师的思想，可以看出，人间佛教是接着龙树大乘佛教往下讲的。以往尽管人间佛教因时代原因未能发展出像龙树那样的人物，未能像龙树那样写出《中论》《十二门论》等著作，来建立起它的完善的理论基础，但它的兴起、它的思想以及这种思想对社会的作用，都与龙树的大乘佛学有着极大的相似性。因此研究龙树的般若思想与人间佛教的关系，对于人间佛教的继续发展有着重要的意义。

佛教是在反对婆罗门教的神学思想中产生的，佛教认为宇宙只是缘起而生而灭，没有所谓的神创造万物，因而杀牲祭天就被佛教斥为邪见。佛教强调正知正见，认为宇宙因缘合和而有，不是恒常不变的，人的命运决定于自己相续流转的身、口、意三业，由起惑、造业而感果，感果时再起惑、造业，认为人只有通过自身的努力，即修戒、定、慧三学等，才能改变命运，改造世界。然而佛教在发展中也不断变质，佛的弟子中有不少是婆

罗门出生的，他们虽然信仰佛教，但总是习惯以天神的观点来看待佛陀，觉得人间的佛陀不够神圣，太平凡了，于是把佛陀抬到天上，以提高佛教的影响和号召力。以后经过逐渐演变，天上的佛被认为是真佛，人间的佛倒成了化身佛，从而使印度佛教走上了梵、佛合流的道路。而随着佛教的梵化、神化，佛陀生前竭力反对的神创论、神佑论以及婆罗门教的讲求咒术、隐居山林、避世苦行等也在佛教中流行起来了。针对这些弊端，更为积极的大乘佛教思想就出现了，它破除人们的执著，使佛教更为世俗化、大众化，更接近现实人生，大乘菩萨不执于空、有，游化于人间，以般若的智慧等视生死涅槃，在人世以清净的心从事利他的事业，如维摩诘居士以清净心处俗世，教化众生，这样就使得佛教解决了出世与入世的矛盾，使得佛教得到了极大的发展，并最终建立起大乘佛教，对东方文化产生了深远的、积极的影响。

　　近现代，人间佛教正是试图吸收大乘佛教的根本精神，以救大乘佛教在发展中形成的种种弊病，是与龙树大乘佛教的兴起一脉相承的。佛教在传入中国之初，与黄老神仙方术相结合。佛被看成"恍惚变化，分散身体，或存或亡，能大能小，能圆能方，能老能少，能隐能彰，蹈火不烧，履刃不伤，在污不染，在祸无殃，欲行则飞，坐则扬光，故号为佛也。"① 可见佛在当时被描述成一个无所不能的神。同时由于一些基本的自然现象、社会现象得不到科学合理的解释，统治者又热衷于神道设教，佛教的神化、鬼化、巫化就越来越严重，宗教气息也就越来越浓厚。而明清以来，佛教中少数人追求急证自了的消极心态，过分重死、重鬼，追求神异，随意夸大他力或顿悟法门的简捷，不顾佛教中重自力、重实践的倾向，自私自利，不顾社会责任等行为习惯，使得佛教越来越偏离大乘佛教的入世、救世精神，偏离了佛教基本思想，使得佛教被认为是消极的，被斥为精神鸦片，是迷信。针对佛教内部的这些弊病，佛教界的一些有识之士就提出人间佛教思想，以反对佛教的鬼神化、天化、巫化、迷信化。他们认为佛教的理想净土不在人世外，佛陀讲"心净则国土净"，强调人有了智慧，心地清净，有了道德，则这个世界本身就是人间净土。人间佛教的先驱太虚大师说："仰止唯佛陀，完成在人格；人成佛亦成，是名真现实。"这句话可谓高度概括了人间佛教的基本思想和追求。人间佛教最杰出的理论家印顺法师说：

---

① 《牟子理惑论》。

　　我初佛学——三论与唯识，就感到与现实佛教界的距离。

　　经虚大师思想的启发，终于在"佛出人间，终不在天上成佛也"，而得到新的启发。①

　　人间佛教，为古代佛教所本有，现在不过将它的重要理论，综合的抽绎出来，所以不是创新，而是将固有的刮垢磨光。②

　　这几段话不仅引用《增一阿含经》中的"诸佛世尊，皆出人间，不在天上成佛也。"③ 说出了人间佛教的理论依据，而且还点出了人间佛教与龙树思想的关系，印顺法师是三论学者，他所说的将佛教过去的"重要理论""综合""抽绎"出来，其实主要就是指的龙树中观理论。这在他的人间佛教思想体系中可以看出来。

　　印顺法师在《人间佛教要略》中阐述了人间佛教的理论体系，在其中他把佛教过去的"重要理论"，"综合""抽绎"为三项基本原则：一是法与律的合一，二

---

① 印顺法师：《华雨集》第四册《契机契理的人间佛教》第七节《少壮的人间佛教》，正闻出版社，第48页。
② 《人间佛教要略》，1997年第4期《法言》印顺法师。
③ 《增一阿含经》。

是缘起与空的统一，三是自利与利他的合一。第一项佛
教教法与戒律的合一与第三项自利与利他的合一都是关
于佛教伦理方面的，而第二项才是人间佛教的理论基
础，印顺法师把龙树的缘起性空思想作为人间佛教的理
论基础，正是说明了人间佛教是与龙树大乘佛教一脉相
承的。

　　印顺法师认为缘起与空是统一的，这是大乘佛教的
特色。一切法是缘起的，所以一切法是性空，无自性的。
偏于性空，人们就会去寻找一个实体，倾向于本体论、
形而上学方面的探索，醉心于理性的思维或参证，而不
重视法相，不重视佛法在人间应有的正行，这是执理废
事。而有的人执著于缘起的事相，重视法相的差别，对
于万法的空平等性不能相信，不能理解。这也不能与大
乘佛法相应。只有依据性空，"二谛无碍"的中观，才能
与大乘佛法相符。印顺法师特别指出，缘起与空的统一，
它的出发点是缘起，是缘起的众生，尤其是人本的立场。
因为泛说一切缘起，就落于宇宙论，容易离开以众生为
本的佛法；而泛说一切众生，即不能把握"佛出人间"
"即人成佛"的精义。

　　从印顺法师对人间佛教理论的阐述中，我们可以看
出人间佛教是以龙树菩萨的般若思想为基础，建立起它

的思想体系的。对于这一观点我深信不疑，并在《中论导读》等一系列文章中都直接或间接地提到，我相信研究佛教的基本理论——般若思想，对于更好地认识人间佛教，对于佛教以后更顺利地发展都有着一定的价值和意义。

第五章

藏传佛教中的龙树中观思想

龙树一系中道缘起学说，随着般若类经典的传入，在藏传佛教中的影响越来越深。到宗喀巴为止，形成了以继承龙树、佛护、月称系中观应成派思想为宗旨的格鲁派。中观应成派思想被看做是佛教中最正确、最究竟、最圆满、最深刻的思想。后来随着佛教的弘扬，般若空宗思想更盛，因为当时被派往印度学法的人，学习的大部分是般若空宗。回藏后翻译、弘扬的也多是空宗思想。如藏传佛教中重要派别萨迦派中就有中观思想；噶举派因马尔巴大译师到印度学法，此派的中观思想更浓厚，而且很多就是中观应成派思想。

中观思想最早传入西藏是在墀松德赞时期，这一时期，从印度请来的译经大师多是持中观见解的，如静命、

莲花戒，就是中观顺瑜珈行派的创始人。莲花戒、无垢友、佛密等也都是中观派人，持"说一切皆无自性"的见解。

后来藏王墀松德赞又命令："从今以后，'见'应以龙树的宗规而行持；'行'应以'十法行'及《般若波罗蜜》而修学。"① 这样中观学说在藏族地区奠定了基础，成为历久不衰的主流。

藏传佛教中的中观思想经过了瑜珈行派和中观自续派后，到了宗喀巴，中观应成派就被认为是佛教根本思想，而在西藏思想界奠定了自己稳固的地位。

藏传佛教中观般若思想具有密教色彩。莲花生是大乘中观学派，但他擅长密咒，在这咒术背后是般若性空思想及大乘思想。

噶举派的主要特点是以中观应成派思想为基础，来修习密宗的法门。

萨迦派中观思想为基础来修习心性空的。宁玛派、格鲁派也是如此。因此了解藏传佛教对般若思想的尊崇，以及中观密教化这一基本特点，就成了理解藏传佛教的一把钥匙了。下面就对藏传佛教主要派别中的中观思想

---

① 布顿仁钦生：《佛教史大宝藏论》，民族出版社，1986 年，第 178 页。

作一个简略的介绍，从另一个层面上来了解龙树中观思想的意义和价值。

11 到 12 世纪，"三素尔"创建宁玛派。1057 年，阿底峡弟子仲敦巴建立噶当派。1073 年，昆·贡却杰布建萨迦教派。11 世纪中，玛尔巴、米拉日巴建噶举派。到 12 世纪，教派林立，达到历史最高潮。这些教派的形成有其深刻的思想文化基础，下面就探索它们与龙树中观思想之间的深刻渊源。

一　宁玛派

宁玛派，又称红教。它的字义是"古""旧"。他们自称其教法是从 8 世纪进藏的莲花生、无垢友传下来的，历史最悠久。他们重视修行实践，讲求咒术，在民间很有生命力。这一派在政治上未有大作为。宁玛派的组织松散，教法不一。他们也研究理论，主要是"慈氏五论"和"龙树六论"，以及其他密教经典。

"大圆满法"是宁玛派的特别教法，在宁玛派中地位很重要，从这一思想中，我们可以看到这一教派思想的特点，以及与其他显密诸宗的关系。宁玛派的理论基础与汉地真如缘起说一致。他们提出一个"现有世界，生

死涅槃所包含的一切诸法，悉在此灵明空寂之内"的真如本体①，并且根据莲花生说"诸法根本即自心，安住即了一切义"②，把这个真如本体拉回到现实的人心中，认为不是向外追求，而在于内观自省，在于洞见人人都有的现实的"自我意识"本身，即"明空赤露之心"。这样宁玛派就用具有主体色彩的"生前离垢之智"沟通了抽象的佛性和具体的人心，给佛性本体论注入了主体意识的能动性。

大圆满体性是无生空寂，而又含藏一切的，因为性空，它的作用无所不现，"性空妙德，能现染净诸相，是为大悲周遍。"③

"说心是随无明之力，起种种杂念，这个客尘分别，则名为心。"④ 这就是说佛性本是清净的、空寂的、统一的，但人心体受到无明烦恼的熏习，为客尘所染，则有了分别，有了世界万物。人只要觉悟，就可以转迷为觉，

① 土观·罗桑吉尼玛：《土观宗派源流》，西藏人民出版社，1984 年，第 39 页。
② 班班多杰：《藏传佛教思想史纲》，上海三联书店，1992 年，第 157 页。
③ 土观·罗桑吉尼玛：《土观宗派源流》，西藏人民出版社，1984 年，第 40 页。
④ 土观·罗桑吉尼玛：《土观宗派源流》，第 40 页。

转染为净。因为"大悲周遍为现空无别"。① 即世间万物的有，不是实有，与空没有差别。"又说心的行相，现有的部分为轮回。心的体发生，空寂的部分就是涅槃，在自心的本性空寂中，是无可分别的。"② 如此则知宁玛派把对有无、生死涅槃等两分法都统一到一个神秘的绝对主体中去了。

而修行的目的，就在于保持"心体"本净的状态，宽坦无为，听其自然。"发下无有污垢，明空无执的自己觉性，让它宽坦任运，任它妄念境相起伏变化，都不去辨别好恶，不作破立，只保任此明空赤露，这就是大圆满修习的心要。"③ 宁玛派用积极放松正常的意识活动，使它"空虚明净"，来调动人心的潜能，使它自然而然地与性空之理相契合，使觉悟的主体与世界的虚空本体相应。因为现象世界的统一本体是空的，能体认这一本体的意识也只能是空的，因此要抑制意识活动的影响，不作分别。

这样，宁玛派用存在于生死涅槃一切法之中的心性

---

① 土观·罗桑吉尼玛：《土观宗派源流》，西藏人民出版社，1984 年，第 40 页。

② 土观·罗桑吉尼玛：《土观宗派源流》，西藏人民出版社，1984 年，第 40 页。

③ 土观·罗桑吉尼玛：《土观宗派源流》，西藏人民出版社，1984 年，第 41 页。

智慧，统一了世俗的有和空虚的无，也不落于有无俱非的双融道，证到一个不断不常的神秘的永恒绝对的自由世界。他们充分发挥了人的心智，发挥了人的主体性的意义和价值，使人的清净心上升到宇宙论的高度，使人这个生命找到了一条通向自由的可靠途径。

他们的这种探索是有着深刻的意义的，使人有限的生命与无限的宇宙精神圆满融合起来。它的哲学思辨，在宇宙论、方法论、认识论上，都达到了相当的水平。这在西藏文化精神上，乃至世界文化上，都有着很重要的意义和价值。

二 噶举派

噶举派是用口头传承教敕的宗派，《土观宗派源流》中说："噶举派是以领授语旨教授而为传承"。[①] 关于噶举派教义的传承，一般都认为它是继承了龙树、月称系的中观应成派思想。噶举派认为印度佛教中的经部、一切有部、唯识的见解，都不能真正通达真理，而且认为中观自续派思想也只是平常之见。

---

① 土观·罗桑吉尼玛：《土观宗派源流》，西藏人民出版社，1984年，第60页。

噶举派理论体系核心是讲心性论，它的心性论不像印度佛教那样具有浓厚的抽象本体的性质，而是更人性化、具体化，他们把脉点从抽象本体变为现实的人，直接谈人心，这样本体、真如都在众生的心中，这是求助于自我意识来解决问题的一种形式。

噶举派的藏族化色彩浓厚。它的特殊教法是"大手印"。关于"大手印"，桂译师旬努贝说："如以世间国王之敕令，以印玺印之，臣民莫敢违越。由此来比喻法王佛陀亲许的佛法宗，由佛祖亲手印定，周遍于生死涅之一切法中，故为手印。"[①] 大手印又有显密两种，即把显教中观而证得的空性见和依密教的方便道所引和的大乐二者结合起来修行，即身成佛。下面就探索一下噶举派空性思想。噶举派认为世界上一切事物都是"无自性"的，无常的，但又不是一无所有，而是"有"和"空"二者结合起来才是正确的。噶举派大师米拉日巴在道歌中："顺汝劣慧想，佛说一切有。若于胜义中，无魔亦无佛，无能修所修，无所行地道，无所证身智，故亦无涅，唯名言假立。"[②] 这就是说，佛陀说的一切"有"，都是顺

①　冲热·堪布才南：《噶举派史略》，北京民族出版社，1989 年，第 234～236 页。

②　班班多杰：《藏传佛教思想史纲》，上海三联书店，1992 年，第 240 页。

着众生的认识能力来说的。世界就其本质而言，是空无自性的，没有业、没有果、没有生死、没有涅，这些只是人们假立的概念名言而已，实际上没有它们所代表的事物，然而空和假名是同一缘起的两个方面，是密切地相互联系着的。因为是空才有假设，因为是假设才是空。采用这样的看法，就是辩证的观点，既不执著于有，也不执著于空，这就是中道观。

由米拉日巴的道歌可以看出，他证到的确实是中观派中最彻底的应成派见。也正因为如此，噶举派才能在藏传佛教史上占有一席之地，并大放异彩。它的支派繁多，达波拉杰创立达波噶举，有四个支派，而这四个支派中的帕竹噶举有八个小派，它们不断发展中观应成思想，结合密法，进行修行，他们的传承不绝如缕，有的到现在还传承不断。

三　格鲁派

格鲁派，又称黄教，又称噶丹派。因为它的创立者宗喀巴大师（1357～1419）建了格丹寺，晚年长期居住在此而得名。在藏传佛教各派中，它形成最晚，但它以其独特的魅力，成为势力最强，影响最深的宗派。

　　在格鲁派产生前，藏族社会封建制进入一个上升、发展的时期，社会欣欣向荣。然而佛教界却弊端丛生，出现了判经离迹的现象。在理论上，他们在理解缘起性空思想时自由发挥，偏离了般若性空本义。他们有的执性空为毕竟无，否定善恶业果等法；有的执性空为实有；有的以"不作意"为修真如的前提。由于背离了佛教般若性空本义，于是在实践上就出现了僧人娶妻生子，不守戒律等行为。此时宗喀巴大师出来，阐述中观应成正见，并用它指导实践，提倡守戒，反对追求利禄、生活放荡的行为。宗喀巴的这些思想及行为得到地方政权的支持，从而使得格鲁派得到了传播和发展。下面就谈谈格鲁派的中观思想。

　　宗喀巴认为执性空为毕竟无是一种"断见"，认为执空为实有是"常见"，并引用《中观》中的"若有执于空，说不可疗治。"① 他批判了"断见"和"常见"，以龙树、月称系的中观应成派见为正宗，以阿底峡的《菩提道灯论》为思想体系，写了《菩提道次第广论》，在这本书中，他全面、准确地论述了中观应成派的缘起性空思想。这种思想在他的《中观述义》中有着准确的表述：

---

　　① 宗喀巴：《菩提道次第广论》卷 18。

此中所说"虚妄"（或"空"），是指本无自性而现为有自性之义，又于此"虚妄"法上，一切作用，皆能成立。因此"虚妄"之义，不是说一切作用皆空。变异及无常等义，亦是如是。彼"虚妄"法，由遮实有，故说为空。虽非实有，然亦不是没有。

一、自性空。"缘起性空"是宗喀巴的根本思想。他引《四百论释》中的话解释说："何为缘起义，谓无自性义，即自性无生义。"① 又说："由缘起因故自性空，故缘起义现为无性空性义，即是龙树菩萨不共之宗。"② "若有自性不待因缘，若待因缘定无自性。"③ 这里就是说，一切现象都是因缘和合而成的，"此有则彼有，此无则彼无，此生则彼生，此灭则彼灭。"因为是因缘合和，本身就只是一种关系，就没有质的规定，即没有自性，没有自性就没有流转生灭，就称为空。把这种思想运用到实践中，就是"我空"和"法空"。在解释"我空"时，宗喀巴又从七个方面进行了论述。他说人由五蕴组成，但从人与五蕴的七个关系上看，仍找不到我，这七个关系是"我与蕴是有自性之一体""我与蕴自性各异""我

---

① 宗喀巴：《菩提道次第广论》卷18。
② 宗喀巴：《菩提道次第广论》卷18。
③ 宗喀巴：《菩提道次第广论》卷22。

依蕴""蕴依我""我俱足蕴""蕴合集即是我""色等合聚于特殊形应立为我"，但是"我与诸蕴一异等，七中皆无，然由依蕴假名为我"①。这是说我与五蕴是一，我与蕴是异，我依五蕴，五蕴依我，我具有五蕴，五蕴合聚为我，五蕴组合的形式等都不是我，我只是"明补特伽罗唯依蕴假立也"②。即是一种意识执著中产生的幻有、假名而已。宗喀巴在分析我空时，从七个层次上分析人和五蕴的关系，这在理论的探索上是一大进步。

在论述了人无我后，他又论说"法无我"，即非有情的一切现象是没有自性的。他继承龙树八不思想，认为"以观真实义之真理，研寻生等无可得，是破有自性之生等"③。这里他在用缘起的思想，破除一切的生存后，就破除了与生相对的灭，认为生灭只是相对的，是缘起的，没有自性，所以是空，既然生灭都是空，那么其余的一异、常断、来出也就是无自性的了。如此整个现象界就是一个没有自性的世界，是幻有，假名有，是人的第七意识末那识执著产生出来的了。

二、假名有。在破除了现象的自性后，宗喀巴也很

---

① 宗喀巴：《菩提道次第广论》卷6。
② 宗喀巴：《菩提道次第广论》卷7。
③ 宗喀巴：《菩提道次第广论》卷18。

反对断见，强调假名有的存在。他在"假名有"的探索上用了很多时间，但一直未能理解，传说他曾经两次与文殊菩萨对话，他问菩萨说："我的中观之见是否纯正？"时文殊说："非是，因为你对于'空'方得其决定，但对于'有'方尚未得决定故。"① 后来他梦见龙树师徒五人谈话，从而大彻大悟，"遣除一切执相的缘虑，对于真实义理担心落入诸边的一切怀疑，连根拔除"，"认为由于'有'故遣除'有'边，由于'空'故，遣除'空'，于空性中而能显示因果之理，此则是宗大师不共之处。"② 宗喀巴强调不落于有，不落于空，而悟入中道，不以现象无自性就毁坏假名有，否则就会破坏佛教宣扬的因果道理，从而为所欲为，甚至毁坏三宝及四谛理论了。这也是龙树在《中论》中所强调的，《中观·观四谛品》中说如果只看到空，就会破坏世俗法，"空法坏因果，亦坏于罪福；亦复悉毁坏，一切世俗法。"③ 只看到空不仅会坏因果律，世俗法，还会破坏佛教四圣谛理论以及三宝，使得整个佛教沦为乌有。《中观》中说："若一切皆空，

---

① 土观·罗桑吉尼玛：《土观宗派源流》，西藏人民出版社，1984 年，第141 ~ 142 页。

② 土观·罗桑吉尼玛：《土观宗派源流》，西藏人民出版社，1984 年，第 142 页。

③ 龙树：《中观颂》，金陵刻经处，第 20 页。

无生亦无灭，如是则无有，四圣谛之法"，"以无四谛故，亦无有法宝，以无法僧宝，亦无有佛宝。如是说空者，是则破三宝。"[1] 宗喀巴大师对龙树中观哲学的深刻洞见和把握，使得中观般若理论在西藏得到了传播和发扬，减弱了西藏佛教界理论和实践上的混乱，使佛教走上正统的一贯的中观道路。

四　其他派别

藏传佛教的派别很多，还有几个大的派别，它们虽不是直接以龙树中观思想出现于世人面前，但中观思想对他们还是有影响的，我们也可以从中观思想在他们中的影响，进一步看到中观学在藏传佛教中的地位和意义。

噶丹派，渊源于阿底峡（982～1054），创立于仲敦巴（1005～1064）。阿底峡的著作有 30 种左右，其中影响重大的有：《中观教授论》《入二谛论》《菩提道灯论》等，他还译有《中观心论注》。噶丹派以阿底峡的《菩提道灯论》中建立起来的佛教修学体系为指导，在哲学义理方面，他们讲授阿底峡的《中观教授论》《入二谛论》，

---

① 龙树：《中观颂》，金陵刻经处，第 20 页。

后来为了进一步探究"二谛""中观"思想，他们在教典中又加上了龙树"六如理聚"，即《中论》《七十空性论》《六十如理论》《迥诤论》《广破论》《宝鬘论》，作为对"观"的补充。在"行"的方面，他们讲阿底峡的《摄行炬论》《发菩提心论》，接下来又以瑜珈行派的五部论作补充，即"慈氏五论"①。由此可见，龙树中观学在噶丹派中的地位还是重要的，中观缘起、般若作为佛教的基本思想，对噶丹派的哲学义理起着重大指导作用。

觉囊派是藏传佛教中一个重要派别，它以13世纪末觉囊寺的建成为标志。这一派对佛教"性空"的解释与藏传佛教的其他派别不同。它认为事物有它的真实体性，这种真实体性不能说它是空；由于人的"虚妄分别"增加上去的东西，才能说是性空。事物本真是事物的"自"，"虚妄分别"是"他"，所以讲性空只能是"他空"，不能是"自空"。这和西藏一贯传承的龙树中观思想不同。中观学认为万法没有一个恒常不变的实体，万法本来就是没有自性的，是空的。相对于龙树的自性空，觉囊派的这种思想被称为他性空。他们把中观学派分为普通中观和大中观派，他们自称是大中观派，奉无著、

---

① 慈氏五论是指：《现观庄严论》《大乘经庄严论》《辨中边论》《辨法法性论》《究竟一乘宝性论》。

世亲二人为始祖，贬中观应成派和自续派为普通中观。
我们也可以看到觉囊派把人的主观意识虚妄分别的东西，
说成是空，而不否认一个事物的存在，与无著等的瑜珈
行派中把遍计所执所性执著出来的东西，说成是空，而
不认为事物本身是空是一致的。瑜珈行派的这一思想也
曾受到中观应成派大师月称的批判，他批判瑜珈行派讲
空不彻底，认为在依他起法上没有遍计所执法就是空，
并不是依他起本身就是空。他打比方说，视绳为蛇，把
蛇执去掉就是空，并不认为绳也是空，这只是他性空，
而依他起是表缘起的，而缘起的性质，就是空无自性的。
由此可见，觉囊派是发展、变化了的瑜珈学说，而瑜珈
行派与中观学派在印度是相互排斥，甚至是不能相容的。
因此，觉囊派在龙树中观学一统天下的藏传佛教中也就
受到了很多的排挤，更因为他空义说事物有它的实体，
说引申到一切众生皆有佛性，认为在众生位上的众生与
佛的佛性，是没有差别的，这一说法是印度教湿婆派学
说的翻版，因此西藏佛教中的其他派别就都排斥觉囊派，
认为它不是佛教思想，是外道，是异端。觉囊派与中观
思想不一致，但它还是肯定了龙树在中观学派中的地位，
批判地吸收了龙树思想的一部分，作为对"他空"思想
的补充，尤其龙树的"法界空"思想成为他们理论上的

重要凭据。

藏传佛教哲学在其漫长的历史发展过程中，龙树中观缘起学说，在其中产生了深刻影响，到宗喀巴为止，形成了以继承龙树、佛护、月称系中观应成派思想为宗旨的格鲁派。中观缘起思想、般若思想可以说是贯穿了西藏佛教发展的始终，成为理解藏传佛教的一条主要线索，理解和掌握这一点对更好地认识龙树中观学和藏传佛教都有着重要的意义和价值。

第六章

三论宗在南京的发展

　　栖霞山位于南京城东郊，《金陵梵刹志》中记载说"在都城东北，南去所统灵谷寺三十里，太平门四十里。"栖霞山原名摄山，栖霞寺碑铭《陈侍中尚书江总持》中说："山多草药，可以摄养，故以摄为名焉。"其他的史料中也说栖霞山盛产诸如甘草、野参、当归、茯苓之类的中草药，有滋养摄生的效用，所以得名摄山。

　　从栖霞山的主峰，三茅宫峰、凤翔峰以下，全山地势如张伞，所以栖霞山又名伞山。史志中说"形同如盖，又名繖（伞）山。"伞山是栖霞山最早的名称，后来因为山中多产资生药物，所以改名为摄山。明按察副使冯时可的《游摄山栖霞寺记略》中说："摄山旧名繖（伞）山，以其形团如盖也，或以地宜药物，可资摄生，易今

名焉。"

南朝以前，山中常有猛虎出入，所以栖霞山又名虎窟山。宋元祐八年（1093年）改为崇报禅院，又名为虎穴寺。而山脉主峰的西南山坡状若伏虎，因此这条山脉称为虎山。在栖霞寺所有的名称中，摄山一名较普遍，它的北麓至今仍有摄山湖、摄山营等，都是以此命名的。

栖霞寺与南朝齐代的明僧绍有着很深的关系。明僧绍，字徵君，他是南齐名门望族的成员。齐建元年间（479～482年），他在摄山伐木结庐，绝尘避世；邻近有一沙门法度禅师讲《无量寿经》，明徵君与他交往很深，待以"师友之敬"。后来他就在永明元年（483年）把自己的宅第捐给佛门，"因即邻崖构宇，别起梵居，耸峤飞柯，含风吐雾，西霞之寺由此。"当时建成的寺宇称为"栖霞精舍"，"栖霞"之名就是从这里开始的。关于这段历史，《高僧传》法度禅师传略中亦有记载："齐郡明僧绍，抗迹人外，隐于琅琊之摄山，挹度清真，待以师友之敬，及亡舍所居，为栖霞精舍，请度居之。"这在明兵部侍郎汪道昆的《栖霞般若堂记》中亦有记载："齐徵君明僧绍供法度禅寺，居摄山。太始中，徵君以其舍为栖霞寺。"

关于明徵君，唐高宗的《御制摄山霞寺明徵君碑》

中说："南齐徵君明僧绍者，平原人也……徵君早植净因，宿苞种智，悟真空于倚岁，体法华于素襟，照与神通，心将道合。遗荣轩冕，少无尘染之情，托志村岩。"唐高宗的《明徵君碑》现在仍在栖霞寺，它是唐高宗李治在上元三年（676 年）建的，碑正南面为李治的碑文，由当时著名书法家高臣用行书写成，碑背面是李治手书的"栖霞"两个大字。李治的碑文中也提到明徵君无意仕途的思想，碑文中说："建元六年，又下绍徵为散骑侍郎，又不就。"

由于明僧绍不恋功名富贵，又舍宅第以建栖霞精舍，因此后来的文人墨客来到栖霞寺，就有不少人写诗怀念他，唐代诗人刘长卿和顾况分别写了下面的两首诗。

霞寺东峰寻明徵君故居

山人今不见，山鸟自相从。

长啸辞明主，终身卧此峰。

泉流通石径，闭户掩尘客。

古墓依零草，前朝寄老松。

片云生断壁，万壑遍疎钟。

惆怅空归去，犹疑林下逢。

摄　　山

明徵君旧宅，陈后主留诗。

迹在人亡处，山空月满时。

宝瓶天破响，道树有低枝。

已是伤离客，乃逢靳尚祠。

在《摄山》这首诗中，顾况提到"靳尚祠"，这里面还有关于栖霞寺建寺时的一个典故。法度是宋末黄龙人，从小就出家，修苦行。当时明僧绍隐居在摄山，就把自己的家宅改成栖霞精舍，请法度住在里面。这块地方，原先是有道士想在此盖道观的，但住进去后，人就死去了。后来盖了寺庙，还是经常有不祥的事发生，但法度住在这里后，"群妖皆息"。原来这座山有一个山神，名叫靳尚，统治这座山有七百多年了。一天，靳尚化为人来拜访法度，说："神道有法，物不得干。前诸栖或非真正，故死病继之，亦其命也。法师道德所归，谨舍以奉给。"从此靳尚也就成了栖霞山的守护神，人们给他建了祠堂，并以素食供奉他。这是一个小故事，然而人们也可从这里看出，栖霞寺的开山祖师法度的道德，是神和人都钦服的。

继法度之后，住在栖霞山的是法度的弟子高丽僧人僧朗，他是从北方来的，对罗什所传的三论思想很精通，所以就在栖霞寺弘扬三论学说。当时的梁武帝听说他很擅长三论，就派人跟他学习，其中只有僧诠一个人学有所成。罗什、僧肇所传的三论思想，由于在他们之后没有得到传播，直到僧朗来到南方，在栖霞寺弘扬三论学，三论思想这才又为人们所知晓。由于罗什的三论思想的传播中断过，又由于僧朗、僧诠这一系的三论学传到法朗、吉藏时，他们又吸收当时流传的涅槃思想，在讲般若无所得的思想时又讲佛性、如来藏，这就使得他们的思想与罗什的三论思想有一定的差别，因此后人称罗什的三论为"古三论"，称从僧朗到吉藏的三论学为"新三论"，又因为僧朗、僧诠两个祖师住在栖霞山，所以"新三论"又被称为"摄山三论"。摄山学僧在南京弘扬三论，讲般若无所得，这对后来禅宗在中国南方的传播也起到了先导作用。

在明徵君舍宅第为"栖霞精舍"后，隋朝时，隋文帝又命人琢白石以建舍利塔，到唐高祖时，又对栖霞寺进行了大规模的扩建，并改名为功德寺，它与当时山东长清的灵岩寺，湖北当阳的玉泉寺，浙江天台的国清寺，并称为"四大丛林"，由此可见它在当时的规模和影响都是很大的了。南唐时，它又改名为"普云寺""崇报寺"

"虎穴寺"，景德四年（100 年）改名为"栖霞寺"。

清代康熙、乾隆南巡时，都曾在此住过，其中乾隆五次到南京，都住在它旁边的行宫中，还在那里建了御花园。咸丰年间，寺宇、行宫、御花园都毁于太平天国战火。

辛亥革命后，宗仰上人（1861～1921 年）于 1919 年来栖霞寺任方丈。宗仰上人在流亡日本时，结识了孙中山，并倾囊资助孙中山进行革命，而当他主持栖霞寺，发愿重建这座千年古刹时，孙中山得知了，就率先捐献银万两，由于孙中山的支持，各方恭贺赞助的人很多，这对栖霞寺的重建产生了较大的影响，现在的栖霞寺就是由当时的方丈宗仰主持重建的。

栖霞寺，由于悠久的历史和素来的名声，现在它在中国的寺院中仍然有着较重要的地位。前几年，日本、韩国的三论宗学者还来中国栖霞寺寻根。近几年来，中国研究三论宗的学术成果也不断出现，这对栖霞寺的发展，对推动三论宗思想的传播和研究也都起到了一定的促进作用。

第七章

三论宗在国外

　　三论宗在中国传播的历史不是很长，它自吉藏创立后就没有人再传了。但三论宗传到了日本和朝鲜后，以它独特的魅力在国外有着繁荣的传承。

　　高丽（今朝鲜）僧慧灌曾来华在吉藏的门下学习，慧灌又从高丽到日本传播三论学，成为日本第一个宗派——三论宗的创始人，被称为日本空宗的始祖。慧灌之后又有传人——福亮和智藏等，所以三论宗在中国衰落和失传后，却在日本有了传承。尽管三论宗在日本奈良时代末期已经衰落，而且以后它也未能振兴，但中观学的分析方法却成为日本佛学中一个极重要的内容而被肯定。日本明治时代的高楠顺次郎说："在日本……对该宗（三论宗）教义的研究，迄今未衰，因为对一个佛教徒来说，把该宗宗义当做学习佛法的主要科目，和辨证推理时之坚锐武器，则这

种研究是不可或破的。"①

　　三论学早已传入日本，一般认为推古天皇十年（602年）到日本的百济僧观勒即为三论学者，圣德太子之师高丽僧慧慈也是三论学者。慧灌在高句丽荣留王八年（625年）正月元日，随本国贡船到达日本，奉天皇的命令住在元兴寺，弘扬三论空宗。这一年夏天正好日本大旱，他奉旨讲"三论"求雨，结果有效，因而被任命为僧正，他是继百济高僧观勒之后成为日本的第二任僧正。慧灌在孝德天皇大化二年（646年）奉旨在宫中讲"三论"，讲完后，听众慧师、慧轮、智藏等都被任命为僧正。慧灌开始住在元兴寺，后来又到河内（今大阪）志纪郡开创井上寺，并在此地弘扬三论宗。

　　慧灌的门徒很多，有僧旻、福亮、智藏、慧师、慧轮等诸僧正，又有以架设宇治桥著名的道登及慧云、灵云、慧妙、常妙、慧邻、智国等。他们都曾到中国大唐求学过佛法。福亮僧正本是中国吴地人，入日本籍后剃发为僧，并在僧灌门下受教。智藏是福亮俗时的儿子，也跟慧灌学习。其中智藏更为有名，他的门下有道慈、智光、礼光三个高徒，日本三论宗从他以后就更加兴旺。

---

① 《佛教哲学要义》日本，高楠顺次郎，蓝吉富译，第100页。

通常人们称慧灌、智藏、道慈为日本三论宗的"三传"。

道慈律师，俗姓额田氏，和州人。从智藏学"三论"，又随义渊僧正在龙门寺学"唯识"学。大宝元年（701年）他随日本遣唐使船入华，跟吉藏的法孙元康（硕法师之徒）学习空宗玄义。道慈勤奋好学，历访各宗高僧，学有所成，据说日本有六宗是他从中国传入的，即法相、三论、律、成实、华严、真言。道慈生情严峻，不媚权贵，回国后住大安寺。后又隐居竹溪山寺，因感叹当时很多僧尼违法犯戒，著有《愚志》一卷。他的门徒有善议、庆俊，其流派以大安寺为中心，称为"大安寺派"。

智藏的另两位高足智光、礼光的事迹不祥。他们建立了仙光院，传布三论宗，又信仰阿弥陀佛，创极乐房。并安置西方极乐依正图，此即"智光曼荼罗"。智光、礼光的门徒有灵睿、药宝，其流派以元兴寺为中心，被称为"元兴寺派"。因此吉藏以后，三论宗的传承就到了日本，传承脉络如下：

硕法师——元康——道慈

吉藏 —— 慧灌 —— 福亮 —— 智藏——智光

礼光 —— 灵睿 —— 药宝

三论宗传入日本时，成实宗作为三论宗的附宗传入日本，但没有成为独立的宗派，所以也就不再多说了。

到平安王朝，法相宗大兴、天台、真言也极兴盛。三论宗却日渐衰落，延历二十三年（804 年）时，行将失传，为此天皇规定，每年朝廷特许的受度出家者中，分配五人给三论宗，由于第二年各寺的学生受度入三论宗的人太少，所以不重新规定受度的人数。延历二十五年（806 年）据传教大师奏言，为了不使各宗逐渐灭绝，规定各宗每年受度的人数是：华严二人，律二人，三论二人，法相二人。因为成实、俱舍附属于三论、法相，所以各加一个，又特别加上天台二人。这是在华严宗和三论宗行将灭绝时，用以维持其余脉的措施。

三论宗虽然一时十分衰落，但在道慈之后有庆俊、善议二杰。善议之下有安澄及勤操僧正。这是大安寺一派。元兴寺一派则在智光之后有药宝和灵睿。灵睿之下有玄觉。再下有宣融、圆宗。宣融之下有玄耀、明澄。玄耀下有道诠律师。道诠是武藏（今东京琦玉）一带的人，姓谱不详，他在法隆寺大力弘扬空宗近四十年。晚年退居和州（今大阪）富贵山。日本清和天皇贞观十八年（876 年）圆寂，年七十有余。明澄下有道昌僧正。道昌俗姓秦氏，赞岐人，又从弘法大师学密，是法轮寺开山祖师，贞观十七年（875 年）圆寂，时年 78 岁。圣宝僧曾从愿晓、宣融、圆宗学三论，又是弘法大师的高徒，密教的泰斗，他汇总大安、元兴两寺之传，创立东南院，以此作为弘布三论学的总基地。由此三论宗又稍见兴旺。但以后三论宗因常随密教传布，而逐渐失去独立性。从圣宝到观理又出现了弟子然，他以入宋求法闻名，以后觉树的门下最为有成就。三论宗在日本传承的谱系如下：

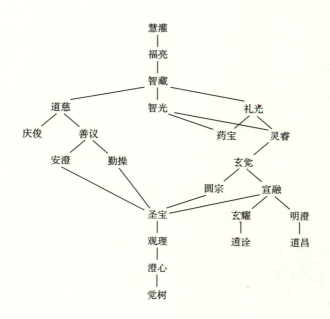

三论宗在日本有传承，在朝鲜也传播。因为朝鲜离中国更近，且没有大海相隔。高丽（朝鲜）僧人也有不

少人学习三论，且有成就。东晋僧阿道、顺道及高句丽僧昙即传播"三论"，但他们不是创始人。梁末隋初，高句丽的实法师、印法师大力弘扬三论，在新罗统一后，元晓觉著《三论宗要》《广百论宗要》等。在中国重振三论的就是高丽僧人僧朗，而且他是高丽僧人入华求法的先驱，这在先前谈中国三论学时已讲过。继僧朗之后，成为日本三论宗的创始人——慧灌也是高丽人。以后又有释昙慧、释实公、释道登等僧人到大唐求法，学习三论，弘扬空宗。《海外入华求法高僧传》中有着关于他们的记载。

释昙慧，是百济人。曾在 554 年，即中国南北朝时期，到过中国求法，他一生以游化为志。回国后，听到日本崇尚佛法，于 554 年春三月（日本钦明天皇十五年，百济威德王元年），与道深同乘贡船到日本。钦明天皇敕建精舍请他居住，从此日本就有了沙门，《本朝高僧传》中记载慧、深二人所习所传为空宗。然而时机未成熟，日本国民并不信奉。

释实公，高丽人；公元 559～590 年间入华求法，学习三论学，师从谁人不明；曾在金陵一带讲学，据说唐初高僧慧持（575～642 年）曾从他学三论。《续高僧传》载有唐越州静林寺释法敏于 23 岁时曾听实公讲大乘经论。

不久，实公寂灭，同寺高丽僧印法师到蜀地讲论，从而法席凋散。唐初高僧灵睿是他的弟子。

道登，高丽人自称出自山尻慧满家族。唐贞观元年（627年），到唐朝投嘉祥吉藏大师学习三论奥义。后随遣唐使船到日本，住元兴寺，弘扬空宗，与道诏齐名。日本孝德天皇大化元年（645年）秋八月，诏登及福亮、慧云等十师曰："宜令诸寺众僧，弘传释教。"二年，又敕令登与道诏架宇治川大桥。《桥铭》中说："此地自古江河横流，水急似箭，人马渡之，往往亡命。登师因架桥渡人之微善，爰发大愿：因此桥，成果彼岸，导法界众生之昔缘于禁里空中。由此饮誉古今。"

国外三论宗的研究成果很多，这也可以从他们对三论宗资料的整理中看出。《驹泽大学佛教学部研究纪要第54号》中有一篇伊藤隆寿写的《三论宗典籍目录（稿）》，里面列举了与三论宗有关的608种典籍和论文。其中收集在大藏经里的日本人的著作有：中观的《三论玄义检幽集自序》，如实的《三论玄义诱蒙序》，安澄的《三论疏证》（65卷）、珍海的《三论兴缘》（一卷）、《三论玄疏文义要》（十卷）、《三论分教钞》，实庆的《三论宗初发心初学钞》，藏海的《十二门论闻思记》等。

第八章

般若思想与马克思主义实践观

　　实践观是哲学中一个重要范畴，马克思主义哲学认为，历史上许多哲学家、思想家，都自觉或不自觉地关注、探索了实践观，给实践观下定义，但总的说来，在马克思哲学产生前的哲学中，并没有建立起系统、完整的科学实践观，实践的意义和价值只是得到了部分的揭示。马克思主义哲学的实践观是开创性的，他们提出"实践观点是马克思主义认识的首要的基本观点"。他反对费尔巴哈把实践看成是功利的行为，把当下具体的实践视为实践的总体。费尔巴哈认为实践本质上是排斥理论的，但马克思认为实践内含着对理论的渴求，因而实践是自觉的，是以一定社会目标为方向的；马克思的实践观内含着现实普遍利益即人民大众利益的价值导向，因而是革命的和批判的，内含着把有限的个人生命融入到全人类的解放运动，并从中获得生命的人生向导，因而是积极的、向上的。马克思的实践观是现实性和普遍性的统一，真正做到科学与价值，现实与未来的统一。

马克思主义实践观建立后，它自身也在发展，人们对实践中主客体双方的对象化的揭示，对实践的历史性、相对性、现实性的进一步认识，都不断地发展、丰富了马克思的实践观。他们对实践的这些认识对于理解佛教大乘般若学的实践性和现实性会有帮助，对于认识大乘佛教的革命性和积极性也会起到十分有益的启示作用，而且也会使我们对接着龙树中观学往下讲的近现代人间佛教思想和运动有一个更为深刻的认识和理解。

实践在佛教中也是最为基本的。佛教不讲有无，不讲主客体的对立，而是走中道，不滞于客体世界的有，也不停留于主体世界的无，是在有无之外走中道。佛教本身就是一种实践的哲学，佛陀在世时，就有人问过他有常、无常等玄学问题，但佛陀并没有对这些问题进行解释，而是用一个比喻说，人中了箭，首先该做的是把箭拔出来，把伤治好，而不是先研究箭的材料、颜色、

是谁造的等问题。后来大乘佛教的中观学讲中道实相，认为中道不在名相上，也不在空相上，就是要人破除对名相的执著，不著在名相及空相上，不停滞在任何缘起法上，但又不离现实事物，所以此时的佛法也就有随缘而进行实践的特征。而这一特征在后来的禅宗中有着更深刻的体现，后期的洪洲禅讲"性在作用"，也就是说人的一举一动都是真如自性的显现，坚持当下一念，断除情思见解，就是解脱道，因此扬眉瞬目，无非禅机，黄花翠竹，尽是法性。由于佛教本身有重实践的特点，因此在《佛学概论》中，黄忏华把佛学定义为戒定慧三学，说："依戒生定，依定发慧，依慧断除妄惑，显发真理，因位修学，不过此三。故所谓佛学，剋实言之，应指三学。"① 戒定慧三学有着重实践的特征，佛教内部的人讲得较多；在学术界，佛学通常是指佛教理论。对此，黄忏华说：

　　　　其实佛法、佛学、佛教、佛化，其所涵义略同，随举其一，即总包教、理、行、果、信、解、行、证一切佛法。特就佛言之，则曰法、曰教、曰化；

---

① 黄忏华：《佛学概论》，江苏广陵古籍刻印社，1992 年，第 12 页。

就行者言之，则曰学而已。且知解与行持，亦非截然隔别，所谓智目行足，又依解起行，行起解绝。①

所以黄忏华所说的佛学在通常意义上是指佛教的学理，但其实质则包含了佛法行持这一方面，这也是由佛学的特性决定的。

金陵刻经处印的《中论颂》后面附有龙树的《菩提资粮论》。《菩提资粮论》中讲到的四无量心和十波罗蜜等行法（十波罗蜜，即布施、持戒、忍辱、精进、般若、禅定六度及方便善巧、愿、力、智四种波罗蜜）。黄忏华对此论说道："此宗之观行，在圆满自利利他，以大智慧观无所得空。"② 由此可见前人是深知中观学的入世利他的精神的。通常人们谈到中观学就讲缘起性空，讲八不中道，因而也就会忽视中观学的实践观，后来讲中观学的人就有落入空见的弊病，而金陵刻经处的研究则注意到了对中观学行法的研究，在讲完空理后，就讲龙树的《菩提资粮论》，这样也就避开了人们在探索中观学时常易犯的落入恶取空的毛病。

---

① 黄忏华：《佛学概论》，江苏广陵古籍刻印社，1992 年，第 12～13 页。
② 黄忏华：《佛教各宗大意》，佛陀教育基金会，第 351 页。

天台宗、华严宗也是很重视实践的，黄忏华解释天台行法时说："此宗观道之枢要，不外实修一心三观一念三千之观法。其修观行仪，有常坐三昧、常行三昧、半行半坐三昧、非行非坐三昧四种。"① 而且还讲了修观的二十五方便，十种对境，十种正修观法。对于华严宗的观法，他说华严宗的华严三昧观、普贤观、唯识观、华藏世界观、三圣圆融观华严心要观等都摄在法界观中。

对于佛教中以实践修行为最大特征的净土宗和密宗，更是重视修行方法了。

近人印顺法师在研究时也很重视佛学实践的这一特点，他在《佛法概论》的自序中说：

佛法，是理智的德行的宗教，是以身心的笃行为主而达到深奥与究竟的。从来都称为佛法，近代才有佛学的。佛法流行于人间，可能作为有条理、有系统的说明，使他学术化；但佛法的本质，决非抽象的概念而已，决不以说明为目的。佛法的"正解"，也决非离开"信"、"戒"而可以成就的。

---

① 黄忏华：《佛教各宗大意》，佛陀教育基金会，第417页。

"法"为佛法的根本问题，信、解、行、证，不外乎
学佛者倾向于法，体现于法的实践。①

大乘佛教的学者都是实践的，他们追求出世间的道，
但又认为出世间是离不开世间的，他们不是枯坐山林，
他们融合了生死与涅槃，说："涅槃与世间，无有少差
别，世间与涅槃，亦无少差别。涅槃之实际，及与世间
际，如是二际者，无毫厘差别。"他们认为佛法就是在现
实活泼泼的生存中，就是在当下的实践中。

佛教这样的发展有其历史根源。大乘佛教的兴起，
就是从破小乘佛教枯坐山林、远离人世的经院哲学开始
的。他们破除"我执"和"法执"，认为只有彻底破除一
切执著后，才能真正走出自我，融入到整个社会实践，
为整个社会奉献自身价值，利乐有情。这是大乘佛教的
大特色。

大乘佛教发展了实践中的普遍性这一特点，把个体
融入到整个社会的发展和实践中，这是具有积极意义的。
这使得大乘佛教很快兴盛起来，代替小乘佛教，并战胜
其他的宗教，而大规模地发展起来，向世界各地传播。

---

① 印顺：《佛法概论》，上海古籍出版社，1998 年 6 月第一版，第 2
页。

大乘佛教建立在"人法两空"基础上，实践奉献精神的思想在世界上广为传播，它的生命力和价值也就越来越得到人们的承认和肯定。

在中国近代佛教史上出现的人间佛教，也是继承和发展了大乘佛教开始时的风格。他们高举大乘佛教实践和革命的旗帜。破除种种陈旧思想，不再一心在寺庙做佛事、修行，他们积极地走出自我而融入现代社会，在现实社会的实践中发挥自己的价值，实践自己的理想。他们提出实现了完善的人格也就是成佛的口号，说："仰止唯佛陀，完成在人格；人成佛亦成，是名真现实。"这样就把佛教从远离人间，可望而不可即的天国拉到人世间，使佛性直接根植于人性，使成佛的信仰直接根植于人的现实实践生活，从而改变了过去佛教与人生脱节的现象。

他们积极投身于现代社会，从事医药、教育、艺术、经营等事业，出入政治界、经济界，融入现代商业社会，力求在社会生活中，以"无我"的利他行为为众生服务，实践佛法的奉献精神。所以近代佛学大师太虚说："只要他们能真正为国家人民谋幸福，比住在庙里好得多。"

从人间佛教的发展中，我们不难看出，他们所以能如此地适应现代社会发展，正是因为他们真正贯彻了大乘佛法的精髓，即超越主客体，同时又沟通主客体的彻底的实践精神。他们真正贯彻、发挥了佛陀思想的精义，所以在力求适应现代社会的传统文化中，它走得又快又好。

实践的一种形式是革命。关于革命，马克思主义以前把它理解为夺取政权，而现代西方马克思主义，南斯拉夫"实践派"对革命进行了深入的哲学的形而上的思考，丰富了马克思列宁主义革命观念的内容。"实践派"的革命观是建立在"人是实践的存在"命题之上的，认为实践是人的存在方式，实践具有超越性，而最能体现这种超越性的实践形式就是革命。加约·彼德洛维奇在《革命的哲学概念》中对革命作了形而上的探索，认为革命：

　　　　不仅是一种人的变革，而且也是宇宙的变革，即创造一种根本不同的存在"模式"①。

这句话意味着革命也是在历史以外和非人的自然界

① 《南斯拉夫"实践派"的历史和理论》，重庆出版社，1994 年，第177 页。

中发生的，具有普遍的意义和价值。因而他继续说：

> 革命不仅是一种存在形式向另一种更高的存在
> 形式的过渡，不仅是存在的一种特殊的断裂和飞跃，
> 而且是最高的存在形式，即在其完整性上的存在本
> 身。革命是创造性之最发达的形式，是自由之最真
> 实的形式，是一个开辟了多种可能性的领域，是一
> 个全新的王国。它是存在的真正"本质"，是其本质
> 的存在。[1]

在这里，他把革命上升到本体论的高度了。指出，

> 革命在本质上是无，是一种独立于其目的的，
> 没有内容、价值或意义的东西，它只是向一种更高
> 的存在形式的过渡，是一种为其目的证明了的
> 手段。[2]

这样，革命"似乎就象一种非存在、一种空虚性、

---

[1] 《南斯拉夫"实践派"的历史和理论》，重庆出版社，1994年，第177～178页。

[2] 《南斯拉夫"实践派"的历史和理论》，重庆出版社，1994年，第187页。

一种存在中的洞穴，一条划分了存在之两种不同真实状态的裂缝。"① 这样革命就不是历史的一种特殊现象，而只是人类集体创造性的一种最集中的形式。作为主体的人，在这样的理论中，就是一种革命的存在，而且只有作为一个革命者而生存，才能实现其本质。由于这样，革命在历史上作为存在的一种构成中，对存在起着决定性的作用，因而是存在的真正本质，是其本质的存在。

革命的概念是人类学的，也是本体论的、而且，

不仅是本体论的，也是哲学的和形而上学的。革命是这样一种，概念它不仅是一个概念，因为它不反映某种特定事物的本质，而且也是关于现存世界之根本变革的可能性的思想……只有这种"概念"才能成为其必然性的组成部分，而非外在的命令。②

它打破一切执著和僵化，以其丰富的生命力摧毁一切束缚，使人和社会的内在潜力解放出来，获得自由和发展。

---

① 《南斯拉夫"实践派"的历史和理论》，重庆出版社，1994 年，第 187 页。
② 《南斯拉夫"实践派"的历史和理论》，重庆出版社，1994 年，第 191 页。

　　这与佛教龙树中观学的思想有着极大的相似处。龙树中观学就是破斥一切外道的错误和破斥小乘佛学对法的执著的。他用破除执著的手段，通过层层论辩，破除当时流行的众多概念名相，断除人们之妄念，使人们彻底地站到佛教根本思想——缘起论上来，使人们认识到万物都是缘起的，即使涅槃也是与世间法没有差别的。他让人们站到一个绝对虚无的角度，彻底打破了人对外界的种种执著，使人得到他真正的存在，从而获得内在的解放和发展。在贯彻革命的思想时，他把革命思想贯彻到底，把它和存在的本质，终极的意义联系在一起，因而他在破斥一切法时，未曾立一法，只破不立。这在后来也就发展出了只随对方立论而加以破斥，自己不立任何论点的"中观应成派"。中观学贯彻革命的思想是任何其他佛教派别都无法相比的。龙树的这种精神在他的弟子提婆那里得到了继承和发扬。他的主要著作都是以"百论"作为总题的，"百"的梵文 sataka 的字根 sat 是破坏的意思，所以他的著作的内容完全是对不同学说进行破斥。这从他的著作《百论》中各章的题目也可以看出，它们是《破常品》《破我品》《破时品》《破见品》《破根境品》《破边执品》《破有为相品》。提婆不仅在立论上破斥一切法实有，还在实践中破斥一切外道，把他们辩驳倒，甚至挖去外道所供养的天神的眼睛，由于他的这种彻底的革命精神，他后来也受到迫害，被外道刺杀身亡。

中观学既把破斥作为手段，又作为目的，与西方马克思主义实践派把实践提升到本体论，提升到形而上学的高度是相似的。大乘佛教就是在破斥一切名相和陈腐的教条、本本和盲目崇拜中走向大众，走出印度，走向世界的，并获得了成功。

参考文献

《三论概论》释意编著，大圆满出版社，1989 年。

《汤用彤学术论文集》（论著集之三），汤用彤著，中华书局，1983 年。

《隋唐佛教史稿》（汤用彤论著集之二），汤用彤著，中华书局，1982 年。

《汉魏两晋南北朝佛教史》，汤用彤著，北京大学出版社，1997 年。

《中国佛教源流略讲》，吕澂著，中华书局，1979 年。

《印度佛教源流略讲》，吕澂著，上海人民出版社，1979 年。

《高僧传》，（梁）释慧皎撰，汤用彤校注，中华书局，1992 年。

《三论玄义》，吉藏著，金陵刻经处。

《中论颂》《十二门论》《百论》，金陵刻经处。

《大正新修大藏经》。

《我的佛教观》，〔日〕池田大作著，潘桂明、业露华译，四川人民出版社，1990年。

《佛教中观哲学》，〔日〕梶山雄一著，吴均汝译，佛光出版社，1986年。

《日本佛教史纲》，〔日〕村上专精著，杨曾文译，商务印书馆，1992年。

《藏传佛教史纲》，（藏）班班多杰著，上海三联书店分店，1992年。

《魏晋南北朝佛教论丛》，方立天著，中华书局，1982年。

《佛教哲学》，方立天著，中国人民大学出版社，1991年。

《佛教般若思想发展源流》，姚卫群著，北京大学出版社，1996年。

《海东华人求法高僧传》，黄有福、陈景富著，中国社会科学出版社，1994年。

《佛教史》，杜继文著，中国社会科学出版社，1991年。

《印度佛教史概说》，〔日〕佐佐木教悟著，杨曾文

译，复旦人民大学出版社，1989 年。

《金陵梵刹志》。

《法华教学研究序说》，〔日〕丸山孝雄著，平乐寺书店，昭和五十三年三月。

《空观唯识观》，〔日〕田中顺照著，永田文昌堂，1963 年。

《出三藏纪集》，（梁）释僧祐撰，中华书局，1995 年。

《海德格尔和中国天道》，张祥龙著，三联书店，1996 年。

《中国佛教思想资料选编》第二卷第一册，石峻等编，中华书局，1983 年。

《大乘佛教论丛》。

《闽南佛学院学报》。

《佛学与儒学》，赖永海著，浙江人民出版社，1996 年。

《佛道诗禅》，赖永海著，中国青年出版社，1990 年。

《妙云集》，印顺著，正闻出版社，1973 年。

《印顺佛学思想研究》，郭朋著，中国社会科学出版社，1991 年。

《佛家名相通释》，熊十力著，东方出版社中心，1985 年。

《肇论新疏》，元沙门著，文才述，佛陀教育基金会印。

《五灯会元》，（宋）普济著，中华书局，1984年。

《宋高僧传》，（宋）赞宁著，中华书局，1987年。

《大唐西域记校注》，（唐）玄奘、辩机原著，季羡林等校注，中华书局，1985年。

《三论玄义校释》，（唐）吉藏著，韩廷杰校，中华书局，1987年。

《智顗评传》，潘桂明著，南京大学出版社，1996年。

《弘明集·广弘明集》，（梁）僧祐、（唐）道宣撰，上海古籍出版社，1991年。

后　记

　　此书写成于 1998 年，当时由于机缘未果，没能及时出版，包括此间完成的其他几本书稿，也只是打印了一部分，供同学同道传阅，出版的事也就搁下了；此后的十几年中，更多的是在参悟禅宗，很长一段时间里醉心于临济大和尚和沩仰宗诸大德的著作中，沉醉于《五灯会元》和《传灯录》这两部书，虽几次想动笔写些对禅宗的认识，但总觉得文字在禅宗的智慧中显得那么苍白，那么无力。前一阵子整理旧稿，觉得当时写的"三论宗浅说"尚可一观，加之明了居士一再催促，才下决心付梓书稿。之后明了居士、蔡宏居士、任建成居士、金伟居士、耿玉茹居士、张书灵居士、耿维佳居士、史长清居士、魏金枝居士又加以校对。又由于顾婷婷女士的大力支持，使此书因缘成熟。我的在家徒弟，北京四美国际企业管理有限公司董事长史长清居士，供养了出版费用，才有因缘将此书呈现给大家，供各位大德指正。

　　将此功德回向北京四美国际企业管理有限公司及十方信众。

2013 年 10 月 28 日

图书在版编目（CIP）数据

三论宗浅说/印泉编著. —北京：社会科学文献出版社，
2013.11
　ISBN 978 - 7 - 5097 - 5171 - 8

Ⅰ.①三… 　Ⅱ.①印… 　Ⅲ.①三论宗－研究
Ⅳ.①B946.2

中国版本图书馆 CIP 数据核字（2013）第 238618 号

三论宗浅说

编　　著／印　泉

出 版 人／谢寿光
出 版 者／社会科学文献出版社
地　　址／北京市西城区北三环中路甲 29 号院 3 号楼华龙大厦
邮政编码／100029

责任部门／人文分社（010）59367215　　　责任编辑／袁清湘　孙以年
电子信箱／renwen@ ssap. cn　　　　　　　责任校对／吴　斌
项目统筹／宋月华　　　　　　　　　　　　责任印制／岳　阳
经　　销／社会科学文献出版社市场营销中心（010）59367081　59367089
读者服务／读者服务中心（010）59367028

印　　装／三河市尚艺印装有限公司
开　　本／787mm×1092mm　1/20　　　　印　　张／9.4
版　　次／2013 年 11 月第 1 版　　　　　　彩插印张／0.6
印　　次／2013 年 11 月第 1 次印刷　　　　字　　数／100 千字
书　　号／ISBN 978 - 7 - 5097 - 5171 - 8
定　　价／35.00 元